슬로베니아Slovenia

유럽 발칸 반도 북서부에 위치한 슬로베니아의 정식 명칭은 슬로베니아 공화국Republic of Slovenia 이다. 1918년 12월 다민족 국가인 세르비아-크로아티아-슬로베니아 왕국(일명 베오그라드 왕국)의 일원이 되었고, 2차 세계대전 후 유고슬라비아 사회주의 연방의 하나가 되었다. 1991년 유고슬라비아 연방의 해체와 함께 내전을 거쳐 독립했다.

알프스 산지의 동쪽 산록에 자리 잡은 슬로베니아는 국토의 대부분이 산지이지만 남서쪽에 위치한 피란 만으로 아드리아 해와도 접하고 있다. 면적은 20,273㎢로 한국의 전라도만 하고 인구는 2백만 명 정도다. 북쪽으로 오스트리아, 동쪽으로 헝가리와 크로아티아, 서쪽으로 이탈리아, 남쪽으로는 크로아티아와 국경을 접하고 있다. 수도는 류블랴나로 슬로베니아 중부 류블랴니차 강 하구에 위치해 있다. '류블랴나'는 슬로베니아어로 '사랑스럽다'는 뜻이다.

프투이
블레드
슈코피아로카
톨민
류블랴나
Slovenia
포스토이나
슈코찬
코페르
피란
오스트리아
헝가리
크로아티아
이탈리아

Dear
Slovenia

• 일러두기

인명, 지명 등 외래어 고유명사는 외래어표기법에 따라서 표기했습니다.

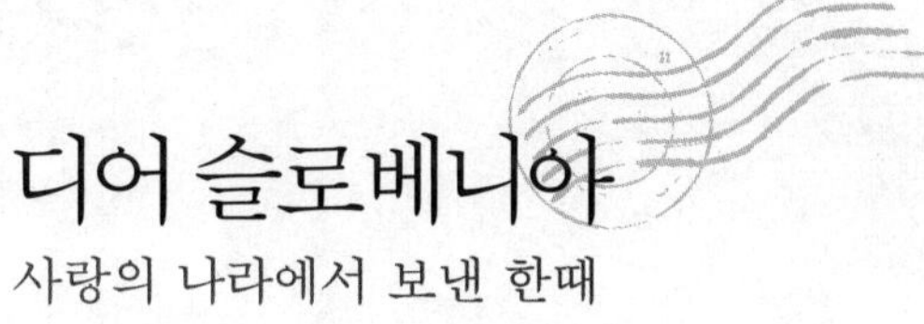

디어 슬로베니아

사랑의 나라에서 보낸 한때

김이듬 지음

로고폴리스
LOGOPOLIS

서문

나는 2012년에는 베를린에서 한 학기를 2015년에는 파리에서 석 달쯤 지냈다. 뉴욕과 도쿄, 뉴델리 등지에서도 한 달 가까이 체류했다. 강력한 흡입력으로 방문자를 첫눈에 사로잡는 화려한 대도시들이었다. 반면 내가 92일을 머문 슬로베니아의 수도 류블랴나는 첫눈에 반할 만큼 눈부신 도시는 아니었다. 이 도시의 첫인상은 그저 작고 풋풋하며 아기자기하고 깨끗하다는 느낌 이상은 아니었다. 하지만 나는 성실하고 무덤덤해 보이는 슬로베니아 사람들 속에서 센티멘털하고 느리게 이 도시의 매혹을 느끼기 시작했다. 지금 나는 신비롭게도 따스한 마음의 열기로 겨울을 보내고 무척 아쉽고 안타까운 마음으로 다가오는 봄을 맞고 있다.

슬로베니아에서 체류하는 동안 "어떻게 슬로베니아에 오게 되었어요?"라는 질문을 받을 때마다 나는 '한국문학을 가르치러' '잘 알려지지 않은 낯선 도시에 대한 호기심으로' '몇 해 전 배낭여행 길에 스쳐 지나가게 되었는데 꼭 다시 와봐야겠다는 생각을 했기 때문에' 등 매번 다른 대답을 했고, 그것들은 모두 사실이었다. 그러나 이곳에서 지내면서 슬로베니아에 오게 된 것은 점점 더 '운명'이라는 생각이 들었다. 나는 '힐링' 혹은 '위로'라는 말을 거의 쓰지 않는, 그것이 지닌 가식적인 느낌을 싫어하는 다소 까칠한 사람이었다. 그런데 이곳에 온 후로 조금씩, 천천히 마음을 치유받았다. 바쁘게 뛰어다니며 불안하고 초조하게 살아온 지난 삶을 돌아보며 자족과 평화를 길어올렸다. 태생적 방랑자인 양 수없이 여행을 다니며 노마드적인 생활이 몸에 배어 있는 내가, 슬로베니아에서 고향에서조차 느낄 수 없었던 수수하고 평화로운 삶의 길을 발견한 것이다.

2015년 가을 내가 슬로베니아로 떠난다고 했을 때 사람들은

"슬로베니아?"라며 고개를 갸우뚱했다. 나는 지도를 갖고 다니며 사람들에게 슬로베니아의 위치를 짚어주었지만 사실 나도 거의 아는 바가 없는 나라였다. '슬로베니아는 이탈리아, 오스트리아, 헝가리, 크로아티아와 국경을 접하고 있는 발칸의 작은 나라다. 면적은 전라도 크기 정도이며, 인구도 200만 정도밖에 되지 않는다. 1991년 유고슬라비아 공화국이 해체되면서 슬로베니아도 다른 연방들과 마찬가지로 독립했다. 십여 년 전에 EU와 북대서양조약기구에 가입했으며, 그 후 유로화를 도입하여 신생 발칸 국가 중 처음으로 유로화를 쓰는 나라가 되었다. 나라는 작지만 국민소득이 25,000달러를 넘어, 동유럽과 발칸 유럽에서 가장 잘사는 나라다. 류블랴나는 슬로베니아의 수도로, 유럽 전체를 통틀어 가장 아름다운 도시 중 하나로 꼽힌다'는 정도가 내가 아는 정보의 전부였다.

장 그르니에가 《섬》에서 "나는 혼자서, 아무것도 가진 것 없이, 낯선 도시에 도착하는 것을 수없이 꿈꾸어보았다. 그러면 나는 겸허하게, 아니 남루하게 살 수 있을 것 같았다. 무엇보다도 그렇게 되면 나는 비밀을 간직할 수 있을 것 같았다"라고 한 말은 떠날 때의 내 심정을 고스란히 대변한다. 나는 그런 꿈보다 조금 더 참혹한 상태에서 류블랴나 국제공항에 내렸다. 한국에서 출발해 파리를 거쳐 류블랴나로 가는 여정을 택했는데, 경유지인 파리에서 한 달간 머무르면서 가진 돈의 절반 이상 써버렸고 건강도 최악의 상태였기 때문이다. 한국의 한 출판사와 계약한《파리 인터뷰》(가제)를 위해 지난여름 두 달 동안 파리에 머물며 인터뷰이들의 아우트라인 정도만 그린 상태여서, 짧은 시간 안에 본격적인 인터뷰를 진행하느라 노심초사하며 이리 뛰고 저리 뛰어다닌 게 화근이었다.

그렇게 만신창이가 된 심신으로 간 곳이 슬로베니아였다. 나는 한국문화예술위원회에서 류블랴나 대학교로 파견한 한국 작가로서 몇 회의 영어 강의 의무만 있었다. 특별한 계획을 세우며 많은 일들을 할 수도 있었겠지만 숨 가쁘게 살고 싶지 않았다. 무심하고 나른하게 쉬면서 지독히 게으름을 피웠다. 책을 읽거나 글을 쓰다가 몸을 쭉 뻗고 누워 천장을 바라보며 음악을 들었다. 지인들은 유럽의 다른 나라로 여행갈 수 있는 최적지에서 왜 그러고 있냐며 한심해했지만, 나는 정말로 아무것도 안 하면서 사는 방법을 터득한 사람처럼 그 적적하고 단조로운 시간을 즐겼다. 석 달 넘게 슬로베니아에서 벗어나고 싶은 생각이 전혀 들지 않았다.

92일은 류블랴나, 피란, 블레드, 포스토이나, 프투이, 슈코찬, 마리보르, 돔잘레, 슈코피아로카 등을 천천히 거닌 나날들이었다. 어떤 에너지가 나를 어루만져주었을까? 괜찮다, 괜찮다 말해주었을까? 아직 나는 그 비밀을 모른다. 하지만 나는 내 소중한 비밀을 털어놓는 심정으로 이 책을 썼다. 단지 내가 보고 듣고 만지고 느끼며 숨 쉬었던 그곳의 일상을 있는 그대로 말하고 싶었다. 내가 아는 한에서 정성스럽게, 내가 사랑하는 벗이 슬로베니아에 가게 되었을 때 조금이라도 도움이 되었으면 하는 마음으로. 몇 해 전의 나처럼 짧은 시간만 류블랴나에 머물다가 아쉬운 마음으로 떠나지 않기를 바란다. 강가의 작은 노천카페에서, 진종일 개지 않는 안개로 잔디며 산책로들이 축축해진 공원에서, 짙은 라벤더 향이 감도는 온천에서 자기만의 느리고 게으른 시간을 누려보기를 바란다. 지중해가 보이는 피란 바닷가에서 일광욕을 즐기다가 맞은편에 보이는 크로아티아로 급히 짐을 챙겨 떠나지 않기를 바란다. 인접한 많은 국가들을 향해 시계를 보며 바삐 열차에 몸을 싣지 않기를 바란다. 내가 앉았던 슬로베니아 국립도서관의 책상에서 개인용 전등을 켜고 느긋하게 책을 읽다가, 조금은 쓸쓸한 기분으로 숙소로 돌아와 블라트코 스테파노프스키의 집시 음악을 들어볼 이가 있었으면 좋겠다.

나는 슬로베니아에서 늦가을과 겨울을 보냈다. 그 계절에는 오후 네 시면 어두워지고 종일 안개가 끼는 날이 많아서 우울해지기 쉽다. 춥고 음습하여 관광객들이 방문하기를 꺼리는 계절이다. 가난하지만 섹시한 거리의 악사들이 들려주는 음악 속에서 시린 발을 구르며, 나뭇잎 떨어진 성벽 길을 걸으며, 크리스마스 상점들의 불빛 아래서 따뜻하게 데운 와인을 마시며, 인적이 드문 중세도시의 골목길에서 호숫가 숲에서 해안에서 길을 잃고 헤매며, 등굣길 빙판에 엉덩방아를 찧으며…… 지나고 보면 이루 말할 수 없이 아름다운 순간들이었으니 다른 계절은 얼마나 더 좋을까? 예상보다 깨끗하고 안전하며 기대보다 모던하고 자유롭고 풍요로운 류블랴나에서 방문객은 잠시 어리둥절해질 것이다. 음식점과 가게, 슈퍼마켓에서 지불해야 하는 돈이 여느 유럽보다 적고 점원들의 영어가 너무 유창해서 당황스러울 것이다. 내가 그랬다는 말이다.

동심과 인심을 잃어버렸던 나는 동화 같은 나라에서 인정 많고 인간적이며 고마운 이들을 많이 만났다. 내가 몸담았던 류블랴나 대학교 아시아학부 한국학과 학생들, 여러 교수님들, 그리고 내 보금자리가 있던 돌렌스카 거리Dolenjska cesta 마을 주민들에게 감사한다. 안드레이 베케스 교수, 치카코 교수, 야나 로슈케르 교수의 배려와 초대로 타 학과의 세미나나 단체워크숍, 슬로베니아 전통 농가 체험, 각종 전시회와 음악회 등에 자연스레 참가할 수 있었다. 그러한 경험이 슬로베니아의 문학과 예술, 문화에 대한 호감과 이해를 키워주는 데 큰 도움을 주었다. 강병융 교수, 류현숙 교수는 류블랴나 대학교의 한국학과를 이끌어가는 분들이다. 내게는 육친의 정으로 남아 있다. 이국에서 밝고 건강하게 한국 교포와 여행객은 물론이고 현지인들과 정을 나누며 살아가는 성신욱 · 유인선 부부와 그들의 듬직한 아들 호연의 모습은 한국인으로서 자부심을 갖게 해주었다. 해피투어스 한국 총괄 대표이자 슬로베니아 관광청 홍보대행을 맡고 있는 성신욱 씨의 알선으로 슬로베니아 관광청으로부터 이 책의 집필을 위한 협조를 받았다. 최영하 씨와 조선우 실장, 그레고르 플라카르, 장민영 씨의 따뜻한 미소를 기억한다. 도움 준 이들을 일일이 호명할 수 없음이 안타깝다. 이들의 슬로베니아에서의 삶이 행복하기를 기원한다.

한국문화예술위원회의 작가파견지원과 로고폴리스의 출판 제안이 있어 이 글을 책으로 묶게 되었다. 책의 진행을 맡아 세심하게 살피고 탁월한 감각을 발휘해준 김경은 편집자에게 이 자리를 빌려 심심한 감사를 표하고 싶다. 또한 그윽하고 고요한 풍광 속의 작업실을 내어준 죽마고우 박지미 · 유순웅 내외의 무심한 듯 온전한 우정으로 나는 이 책을 순조로이 마무리했다. 사랑하는 나의 벗들과 독자들에게 실망스럽지 않은 책이길 소망하며,

2016년 봄 여여산방에서

김이듬

Dear
Slovenia

차례

Dear
Slovenia

류블랴나 전경.

Dear
Slovenia

∞ 프레셰렌 광장

류블랴나 프레셰렌 광장에서

슬로베니아의 수도 류블랴나에서 누군가를 만나기로 했다면 프레셰렌 광장Prešernov trg을 약속 장소로 정하는 게 좋다. 나는 그랬다. 이 광장은 류블랴나의 중심에 있을 뿐 아니라 류블랴나 국제공항에서 탄 버스가 도착하는 중앙 버스터미널에서도 가깝다. 또한 프레셰렌 광장은 유럽 각지에서 온 기차가 서는 중앙역에서 멀지 않다. 버스터미널과 중앙역은 어슷하게 마주보고 있는데, 두 건물 다 크거나 근사하지는 않지만 류블랴나 시외는 물론이고 오스트리아, 헝가리, 크로아티아, 이탈리아 등지의 도시들과 원활한 연결망을 갖고 있다. 거기서 보통 걸음으로 십 분쯤 걸으면 광장에 도착할 수 있다. 혹시 길을 찾지 못하겠으면 현지인으로 보이는 사람에게 물으면 된다. 슬로베니아 사람 대부분은 유창한 영어 실력을 갖췄다. 그들은 대체로 순박하고 수줍음이 많은 편으로 파리나 베를린 사람처럼 먼저 미소를 지어 보이거나 친절한 표정은 아니지만, 이방인이 뭔가를 물으면 자신이 아는 한도 내에서 최선을 다해 알려준다.

류블랴나 중심에 있는 프레셰렌 광장은 언제나 사람들로 북적인다. 그곳에서 사람들은 누군가를 기다리거나 단체로 사진을 찍거나 다채로운 공연을 펼친다. 특히 슬로베니아의 전체 산림 중 가장 곧고 크고 아름답게 자란 구상나무를 옮겨와 만든다는 대형 크리스마스트리와 조명이 설치되는 12월 초부터는 여느 이름난 대도시 못지않게 야경이 아름답다. 슬로베니아의 국민 시인인 프레셰렌의 동상 아래 계단에 앉아서 광장 주위를 둘러보면 나 자신이 마치 신비롭고 어여쁘며 다정한 세계로 들어온 느낌을 받곤 했다. 믿을 수 없을 정도로 로맨틱한 도시에 불시착한 기분. 그래서 오히려 세상에서 가장 외로운 사람이 된 듯한 기분이 들기도

—

공항에서 류블랴나 중앙 버스터미널로 오는 공항 버스는 매일 오전 5시부터 오후 8시까지 매시간 한 대씩 운행되고, 주말에는 오전 7시부터 오후 8시까지 7~8회 운행된다. 소요 시간은 50분 정도이며 요금은 4.1유로이다. 셔틀버스를 공항 출국장 앞에서 이용할 수도 있는데, 이 버스의 요금은 9유로이고 목적지까지 데려다주는 이점이 있다. 늦은 시간에도 이용할 수 있으나 탑승 인원이 모일 때까지 기다렸다가 출발한다. 공항 청사 바로 앞의 택시 승강장에서 쉽게 택시를 이용할 수 있고 시내까지의 요금은 40유로 내외다.

∽ 류블랴나 중앙역.

∽ 프레셰렌 광장 프란체스코 수태고지성당.
다홍과 초록이 어우러진 바로크양식의 성당 외관은 보는 이를 사랑에 빠진 소녀처럼 미소 짓게 한다.

∽ 크리스마스 조명으로 반짝이는 류블랴니차 강변.
멀리 수태고지성당이 보인다.

슬로베니아의 국민 시인 프란체 프레셰렌의 동상.
그가 평생을 사랑했던 율리아 프리미츠의 집을 바라보고 서 있다.

했다.

광장 한쪽에는 프란체스코 수태고지성당이 있다. 1646년에 공사를 시작하여 십오 년 만인 1660년에 완공된 이 오래된 건물은 장엄함이나 권위적인 느낌보다는 감각적이고 생동감 넘치며 몽환적인 느낌을 불러일으키는데, 그 느낌이 류블랴나라는 도시 자체에서 느껴지는 분위기와 크게 다르지 않다. 다홍과 초록으로 어우러진 바로크양식의 성당 외관은 보는 이를 사랑에 빠진 소녀처럼 미소 짓게 한다. 특히 비가 오는 날에는 프란체스코 성당의 화사한 외관이 더욱 돋보인다.

프레셰렌 동상의 배치 또한 극적이다. 프레셰렌 동상이 바라보고 있는 건물에는 아름다운 여자 얼굴 조각이 있는데, 그가 평생 사랑했던 율리아 프리미츠의 얼굴이다. 이루지 못한 안타까운 사랑을 이루라는 의미로 프레셰렌 상을 율리아의 집을 바라보도록 세웠다고 한다. 프란체 프레셰렌France Prešeren(1800~1849)은 슬로베니아를 대표하는 시인으로, 슬로베니아의 언어와 문학에 큰 영향을 미친 인물이다. 그의 사망일인 2월 8일은 문화기념일로 슬로베니아의 12개 국경일 중 하나라고 하니 '국민 시인'이라는 호칭이 어색하지 않다. 그의 사망일에는 전 국민이 일터에서 벗어나 책을 들고 시를 읽을 수 있도록 슬로베니아 전역에서 온종일 시낭송회와 콘서트, 연극 공연 등 다채로운 문화행사가 열린다. 이

날의 행사는 늦은 밤 그의 동상 아래 모여 프레셰렌의 시를 낭송하는 것으로 절정에 이른다. 프레셰렌의 시 〈축배Zdravljica〉는 슬로베니아의 국가로도 사용되고 있다.

나는 프레셰렌을 더 알고 싶어서 크란Kranj에 가본 적이 있다. 류블랴나에서 차로 한 시간 남짓 떨어진 그 도시에는 프레셰렌 박물관이 있다. 프레셰렌이 1846년부터 1849년까지 살았던 집을 1964년에 박물관으로 개조한 곳으로, 1층에서는 시인의 자필 원고와 초기 인쇄물을 볼 수 있는데 석재 아케이드를 따라 다른 작가들의 기획 전시 및 문화행사들이 열리기도 한다. 2층 전시관에서는 그의 작품과 생애를 한눈에 훑어볼 수 있다. 프레셰렌은 슬로베니아 낭만주의 시운동의 선도적인 인물로 그의 작품들은 슬로베니아 문학의 새로운 규범을 세웠다고 평가받는다. 그는 무척 섬세하고 열정적이며 독창적인 동시에 염세적인 사랑의 서정시부터 〈사비치의 세례Krst pri Savici〉 같은 서사시와 〈소네트의 화환Sonetni Vence〉과 같은 역사 및 민족 문제를 다루는 시편까지 다양하고 많은 시를 남겼다. 내가 2층에서 계단을 내려와 작은 기념품 가게를 기웃거리자 인자한 얼굴의 나이 든 여성 판매원이 낡은 엽서 몇 장을 주었다. 프레셰렌의 젊은 날의 초상이 그려진 엽서였다. 나는 그의 그늘진 이마에 입맞춤했다.

축배

프란체 프레셰렌

수확기는, 벗들이여, 끝이 나고
이제 달콤한 포도주가, 다시 한 번,
슬픔에 잠긴 눈과 마음을 흠뻑 적시고
모든 이의 혈관에 불을 붙인다.
구석구석 무뎌진 마음을 적시고
절망 가운데서 희망을 끄집어낸다.

과연 누구에게 갈채와
시를 곁들인 첫 축배를 바쳐야 할까?
우리 땅과 나라를 구한 신
그리고 다른 어디에 살든
같은 피와 같은 이름을 가진,
하나의 영광된 어머니에게서 난
모든 슬로베니아인에게 바쳐야 하지 않겠나.

하늘에서 천둥이 쳐
악의에 찬 적을 때리고 벌하기를!
이제, 과거 한때 번성했던 것처럼,
자유를 찾은 우리의 소중한 왕국이 자라기를.
우리를 속박하고 단단히 붙들고 있는
과거의 족쇄가
마지막 하나까지 전부 떨어져나가기를!

평화와 반가운 화해가
우리를 찾아와 온 나라에 번지기를!
각자의 목적지를 향해
모든 슬라브 민족이 손에 손 잡고 함께 나아가기를!
그리하여 또 한 번
영광이 지배해
이 땅에 맹세된 정의를 실현하기를.

너희에게, 우리가 품은 자부심은 가늠할 수 없으니,
우리의 소녀들이여! 너희의 아름다움과 매력, 기품!
이 핏줄을 물려받은 처녀들에게 버금갈
보물은 어디에도 없어라.
너희가 낳을 아들들,
그들은 용감히
어디에서든 우리의 적을 물리치리라.

이제 우리의 희망, 우리의 내일 —
곧 우리의 청년들 — 그들에게 우리는 기쁨으로 축배를 드노니.
어떠한 독 품은 그림자나 비탄도
조국을 향한 너희의 사랑이 부숴버릴지라.
우리와 함께 정녕
너희는 이렇듯 긴한 시기에
조국의 부름에 따를 소명을 받았구나.

어떤 전쟁도, 어떤 분쟁도
이 땅의 지역들을 지배하지 못하게 될 때를 위해,
그 밝은 날을 염원하며 그날을 위해 노력하는
모든 나라에게 신의 은총이 있으라.

모든 인간이 자유로워지는 날을
갈망하는 이에게,
이제는 적이 아닌, 이웃만이 있으라.

끝으로 우리의 재회에 —
그리고 우리에게 축배를 들자! 그 소리 울려 퍼지도록,
이토록 유쾌한 교감의 장에서
형제애로 우리는 하나 되니
지금 이곳에 모인 모든 선량한 이들에게서
흥겨움 가득한 외침이
다시는 사라지지 않기를.

§ 트로모스토비예 다리

다리 위에서 도서관까지

프레셰렌 광장 옆으로 류블랴니차Ljubljanica 강이 흐른다. 강 위로는 아담한 유람선이 떠다니고, 강변을 따라 레스토랑과 카페, 아기자기한 물건을 파는 상점과 작은 서점, 음반 가게 등이 즐비하다. 강변을 산책할 때 나는 주로 즐라타 라디차Zlata Ladjica라는 작은 펍에 들러 커피나 와인, 시납스라는 독주를 즐기곤 했다. 그러나 무심코 아무 카페나 바에 들어가도 전혀 실망스럽지 않았다. 이곳 강변 카페들의 세련된 인테리어와 음악 취향은 파리의 마레 지구를 연상시키지만 그보다는 덜 소란스럽다. 커피 가격은 유럽 내 어느 도시와 비교해도 저렴하지만 맛과 향은 어디에도 뒤지지 않을 만큼 좋다. 발칸 요리나 이탈리아 요리를 파는 식당들 또한 저렴한 가격과 건강한 맛으로 내 입맛을 사로잡았다. 다만 스시 레스토랑은 한국에서 먹는 정도의 가격이지만 슬로베니아 물가에 비해서는 비싼 편으로 여행객들에게 추천하고 싶지 않다.

류블랴니차 강을 중심으로 류블랴나는 두 개의 구역, 즉 구시가지와 신시가지로 나뉜다. 프레셰렌 광장 앞 강 위에는 똑같은 모양의 석재 다리가 세 개 있는데, 이 다리들이 바로 슬로베니아의 대표적 건축가 요제 플레치니크Jože Plečnik(1872~1957)가 설계한 트로모스토비에Tromostovje다리(삼중교)다. 체코 프라하 성의 건축가로 유명한 플레치니크는 슬로베니아 출신으로 그가 설계한 건축물들은 류블랴나 곳곳에 산재해 있다. 트로모스토비에 다리에서 용의 다리Zmajski most로 가는 강가에 있는 류블랴나 중앙시장Osrednja ljubljanska tržnica 아케이드 또한 그의 작품이다. 내가 류블랴나에 와서 처음 외식을 한 생선 요리 레스토랑도 이곳 중앙시장 아케이드에 있다. 중앙시장 아케이드에서는 강둑과 맞닿은 벽으로 난 커다란 창을 통해 강물의 맑은 흐름을 느낄 수 있다.

∽ 프레셰렌 광장과 슬로베니아를 대표하는 건축가
요제 플레치니크가 설계한 트로모스토비에 다리.

플레치니크가 설계한 국립도서관.
담홍색 벽돌이 살아 꿈틀거리는 듯한
커다란 사각형 건물이다.

도서관 입구의 어두운 통로를
지나면 나오는 넓은 열람실.

트로모스토비에 다리 아래 강변을 걷다보면 노비 광장Novi trg이 보인다. 류블랴나는 파울루 코엘류의 소설《베로니카, 죽기로 결심하다》의 무대가 된 도시인데 주인공 베로니카가 수도원 창문을 통해 바라보던 분수대가 있는 광장이 이곳이 아닌가 싶다. 노비 광장에서 약간의 오르막길로 접어들면—아마 트로모스토비에 다리로부터 15분 정도 걸을 것이다—담홍색 벽돌이 살아 꿈틀거리는 듯한 커다란 사각형의 건물이 보인다. 이것 역시 플레치니크가 설계한 국립도서관이다. 플레치니크의 건축물들은 독특하면서도 신비로운 구석이 있는데, 내가 가장 좋아하는 그의 작품이 바로 이 국립도서관으로 현재 류블랴나 대학교 도서관으로도 사용되고 있다.

도서관 입구에는 서른세 개의 검은 대리석 기둥 사이로 육중한 대리석 계단이 놓여 있다. 그 계단을 오를 때면 고대의 제단을 향해 오르는 듯한 그윽한 마음이 들었다. 낮은 조도의 조명이 깔린 어두침침한 입구 쪽 복도를 지나 열람실로 들어서면 전면의 넓은 유리창으로 쏟아져들어온 햇빛이 방문객을 놀라게 한다. 커다란 홀에는 길고 커다랗고 촉감이 부드러운 책상이 죽 늘어서 있고 그 위로 개인용 전등이 놓여 있다. 둔중한 책상 앞에 앉아 아치형의 높은 천장을 올려다보면 아득한 느낌이 들었다. 불현듯 이처럼 높고 우아하면서도 차분한 기분을 안겨주는 천장 아래서 책을

∽ 류블랴니차 강변을 따라 늘어선 작은 카페들.
멀리 프란체스코 수태고지성당이 보인다.

읽어본 적이 있던가, 하는 깨달음이 왔다. 플레치니크는 학문이든 인생이든 어두컴컴한 길을 걸어들어가면 반드시 밝고 환한 날이 온다는 메시지를 담아 이 도서관을 설계했다고 한다. 류블랴나 대학교의 교수인 슬라보이 지제크가 열람실 문을 열고 들어와서 누군가를 찾는지 두리번거리다가 금방 나갔다.

도서관에서 나오면 류블랴나 대학교 본관이 있고, 그 앞으로 콘그레스 광장Kongresni trg과 즈베즈다Zvezda 공원이 보인다. '즈베즈다'란 '별'을 뜻하는데, 그래서인지 유독 이 공원에서 빛나는 얼굴의 청년들을 많이 볼 수 있다. 그들은 공원 잔디 위에 앉아 독서에 열중하거나 뜨겁게 사랑을 속삭였다. 나는 종종 즈베즈다 공원 옆 카페 카바르나Kavarna에 앉아 에스프레소 한 잔과 조각 케이크를 먹곤 했다. 사랑이라는 이름의 도시에서* 잠깐의 스침이 영원한 사랑으로 기억될 수 있을까 하는 생각도 했다.

크리스마스 무렵, 진눈깨비를 맞으며 이 공원을 가로질러 가다 외투에 묻은 눈을 털 겸해서 새장 모양의 하얀 구조물 안으로 뛰어들어간 적이 있다. 천장이 있어 눈비를 피할 수 있는 곳이었는데 거기 있는 벤치에 연인으로 보이는 두 남녀가 심각한 표정으로 앉아 있었다. 그리고, '어떻게 사랑이 변할 수 있어?' 하는 표정으로 여자가 남자의 얼굴을 바라보고 있었다……

*류블랴나에는 '사랑스럽다'는 뜻이 있다.

콘그레스 광장과 즈베즈다 공원.

류블랴나에서 만난 여행자들

슬로베니아에서 만난 한국인 여행자는 많지 않다. 류블랴나 도심에서 내게 길을 물어온 대학생은 배낭여행 중이었는데, 오스트리아의 비엔나에서 기차로 세 시간을 달려와 한나절 류블랴나를 구경하고 저녁엔 크로아티아의 자그레브로 떠날 계획이라고 했다. 그는 몹시 바쁜 일정을 짜서 여행 중이었고 거쳐온 도시와 가야 할 나라가 많았다. 기대보다 류블랴나가 아름답고 평화로워서, 예상보다 물가도 싸고 볼 게 많아서 하룻밤이라도 머물다 가고 싶은데 그러려면 미리 예약해둔 것들을 취소해야 해서 아쉽다고 했다. 내가 만난 대부분의 여행자들은 이런 식이었다. 류블랴나는 여행의 압박을 받지 않는 사람들에게 알맞은 곳이다. 세련되고 섬세한 감각을 지닌 사람이라면 청정하고 은은한 이 도시에 반해 미리 짠 일정을 과감하게 취소할지도 모른다.

기억에 남는 여행객들도 있다. '성숙'이라는 아가씨, 그녀와 나는 프투이 성에서 만나 돔잘레로 이동해 슬로베니아 전통 음식을 파는 레스토랑에서 저녁 식사를 하고 류블랴나로 왔다. 한밤에 그녀가 큰 트렁크를 끌고 류블랴나 트로모스토비에 다리 근처의 숙소로 가는 모습을 뒤에서 지켜보았다. 자그마하고 여리여리한 그녀는 의외로 당차고 명랑했다. 나는 혼자서 프투이까지 여행한 여자애는 드물 거라고 생각했다.

최영하는 스스로를 자전거 여행자라고 소개했다. 그는 한국에서 괜찮은 직장을 그만두고 자전거로 유럽 일주 중이었다. 보편적인 삶을 살기 싫었다고 했던 것 같다. 자전거에 텐트와 취사도구 등을 싣고 혼자 몇 달째 프랑스, 스페인, 오스트리아 등 전 유럽을 종횡무진 누비고 있었다. 그날은 그가 알프스 산맥을 넘어 류블랴나에 도착한 날이었다. 우리는 함께 피자를 먹었다.

자전거로 세계일주 중인 최영하와 류블랴나 일주에 나선 성호연.

마을버스 은수를 타고 세계를 여행 중인 (왼쪽부터) 김학원, 정인수, 임택 씨.

기억에 남을 수밖에 없는 두 사람도 있다. 바로 마을버스 여행자인 임택, 정인수 씨다. 임택 씨는 폐차를 앞둔 마을버스인 종로 12번을 구입하여 세계 일주를 결심했다고 한다. 정해진 짧은 노선만 뱅뱅 돌다가 사라질 마을버스가 마치 한국의 중노년층을 닮은 것 같아서 쳇바퀴 같은 삶에서 이탈시켜 세상 구경을 시켜주고 싶었다고 그는 말했다. 나는 약간 촌스럽고 낡은 그의 초록버스 '은수'를 타고 블레드 호수에도 가고 다음 날에는 피란에도 갔다. 태극기를 달고 호기롭게 탐험하고 방랑하는 마을버스 은수를 외국인들은 신기하게 바라봤다. 그들 모두 건강하게 여행하기를 바란다.

H는 한국인 아가씨다. 한국의 모 대학을 갓 졸업한 그녀는 작년 7월 한국에서 열린 '2015 광주하계 유니버시아드'에 영어 통역원으로 자원봉사하며 R을 만났다. 슬로베니아 사람인 R은 유도 선수로 대회에 참가했는데, 두 사람은 경기장에서 만나 서로 호감을 품게 되었다. 열흘 남짓의 행사를 마치고 남자가 귀국길에 오르며 H에게 말했다. "이렇게 헤어지게 되어 참으로 안타깝다. 시간이 나면 나한테 놀러와." 어쩌면 둘은 포옹하며 석별의 눈물을 흘렸을지도 모른다. 머잖아 H는 열정에 차서 단숨에 짐을 꾸리고 R을 뒤따라 류블랴나로 왔다. 정말로 그를 찾아 그가 살고 있는 도시로 날아온 것이다. R은 적잖이 당황했던 것 같다. 남자는 아직 어

렸고 부모로부터 독립하지 못한 상태였던 것이다. 숙소 예약 없이 온 그녀는 그의 부모 집에서 석 달 가까이 함께 살았다. H는 R과 그의 부모에게 솅겐조약 때문에 삼 개월이 지나면 다시 귀국해야 하니 그전에 비자를 받을 수 있도록 서류 만드는 일을 도와달라고 했지만 그들은 별 뾰족한 대안을 내놓지 못했다. R의 아버지는 자신이 운영하는 작은 회사에 H를 고용해서 워킹비자 발급이 가능하게 도모해주지 않았다. H는 애인에게 "우리가 결혼하면 난 한국으로 돌아가지 않아도 된다"고 말했다. R 역시 모르는 바 아니었을 것이다. 그러나 그는 차일피일 시간을 끌었던 것 같다. H는 안정된 직장을 구해 비자를 받게 되면 슬로베니아에 더 머물 수 있다는 걸 알고, 시간을 벌기 위해 직장을 백방으로 알아보았다. 한국인이 팀장으로 있는 외국 계열 여행사에 찾아가 그곳에 취업하기 위해 면접을 보기도 했다. 그러나 취업은 어려워서, H는 불법체류자가 되지 않기 위해 귀국 채비를 해야 했다. 국경을 넘는 일은 어렵지 않지만 그 나라에서 살며 사랑하는 일은 뜨거운 사랑만으로 가능하지 않다.

울적한 날의
보트 바

아침에 눈 뜨면 부스스 주방으로 가서 물부터 끓인다. 끓는 물을 부어 커피 한 잔을 내려 마시면 비로소 덜 깬 잠에서 깨어난다. 오래된 습관이다. 류블랴나에선 원두도 갈아놓은 커피도 없을 때 대마차를 마셨다. 슬로베니아에는 다양한 종류의 차들이 있다. 청정한 산과 들이 많으니 야생화 차나 허브, 과일 열매를 말려 만든

차의 종류가 굉장히 다양하다. 대마차에 물을 붓고 꿀을 세 스푼 떠 넣는다. 차가 미지근해지기를 기다리는 동안 창문을 열어 환기하며 음악을 튼다. 한국 가요를 듣는 날도 많다. 그런데 벌 한 마리가 찻잔에 앉아 테두리에 묻은 내 꿀을 빨아먹고 있다. 찬바람 부는 초겨울 아침에, 아파트 꼭대기까지 어떻게 들어왔을까? 아니 제 꿀인가? 아무튼 진짜 꿀이긴 한가 보다. 슬로베니아가 자랑하는 특산품 중에는 꿀과 소금이 으뜸이라고 한다. 꿀벌에게서 난다는 프로폴리스도 슬로베니아 특산품 중 하나다. 내가 강의하다가 기침을 한 적이 있는데, 강의가 끝나고 한 학생이 가방에 넣어 다니는 구강용 프로폴리스를 뿌려보라며 줬다. 목감기에 특효가 있다며.

아무래도 차로는 모자라 나는 발코니로 나가 길 건너편 바의 문이 열렸는지 확인했다. 스웨터를 껴입고 운동화를 구겨 신은 채 목도리를 두르며 아파트 계단을 내려갔다. 철길과 좁은 도로를 건너면 나의 단골 바가 있다. 이 로컬 바는 오전 여덟 시에 문을 열고 새벽 한 시에 문을 닫는다. 안주 메뉴는 전혀 없이 오로지 술과 커피만 판다. 이른 아침이지만 야외 테이블엔 손님이 가득하다. 벌써 생맥주 마시는 사람들도 있다. 아르바이트하는 여자가 나를 보며 싱긋 웃었다. 나도 일부러 활기찬 목소리로 아침 인사를 건넸다. 에스프레소 한 잔의 가격은 1.1유로다. 진한 커피 한 잔을 마시고 담배 한 갑을 사면서 5유로를 냈다. 거스름돈 50센트 남짓을 테이블 위에 팁으로 두고 왔다. 알려주자면, 담배는 담배 가게나 주유소 편의점에서 살 수 있다. 담배를 파는 바나 카페가 있는데, 거기서 사려면 반드시 커피나 술을 주문해야만 구입이 가능하다. 또 아는 분들도 많겠지만, 카페나 바, 펍에서 한잔할 때 바 자리에 앉으면 테이블에 앉는 것보다 조금 더 싸게 마실 수 있다. 집에서 가장 가까운 곳에 있는 바의 이름은 말리부Malibu로 외관은 허름해도 쿨한 분위기에 선곡이나 음향 상태가 좋았다. 종종 한밤에 집에서 입던 옷 위에 코트만 걸치고 편하게 가서 맥주를 마셨다. 다정하지는 않지만 불편하게 만들지도 않는 슬로베니아 사람들 속에서 혼자 천천히 마시는 생맥주의 맛은 이 세상에서 마셔본 맥주 중에 최고의 풍미를 갖고 있었다.

종일 안개가 자욱한 날 밤 울적한 기분이 나아지지 않아 집에서 나와 축축한 아스팔트 위를 하염없이 걸은 적이 있다. 우유 속을 헤엄치는 파리처럼 검은 코트를 움켜쥐고, 생전 처음 겪는 밤안개의 물결 속에서 나는 한 치 앞도 안 보인다는 말을 실감했다. 집 앞 대로변의 시립도서관을 지나면 식물원이 나온다. 식물원은 류블랴나에서 내가 가장 좋아하는 장소 중 하나였다. 식물원으로 빠지는 오솔길을 무시하고 다리를 건너다가 강물 위를 보니 불을 밝혀놓은 배가 보였다. 류블랴나에서 운행하는 대부분의 유람선

∽ 류블랴니차 강 하구의 보트 바.

이 밤에 돌아와 정박하는 곳이었다. 나는 환하게 불을 밝힌 배 안으로 들어갔다. 작은 카페 같은 분위기였다. 바에 앉아 커피를 한 잔 마시며 손님이 들어오거나 나갈 때마다 출렁이는 배의 진동을 느꼈다. 이 보트 바를 아는 사람이 별로 없는지 손님은 서너 명이 전부였다. 나는 쿠하노 비노Kuhano Vino라 부르는 데운 와인을 더 주문했다. 한 잔에 2유로. 묶어놓은 배 안에서 마시는 따뜻한 와인 몇 잔이 내게 서러운 위안을 주었다. 아무도 알 수 없는 곳으로 유랑, 아니 유배를 떠난 느낌이랄까? 자유로움과 버려짐이라는 양가적 심정 속에서 안개 속을 헤엄치듯 집으로 걸어 돌아왔던 날이었다. 그날 이후 나는 몇 번 더 그 보트 바를 방문했다.

Dear
Slovenia

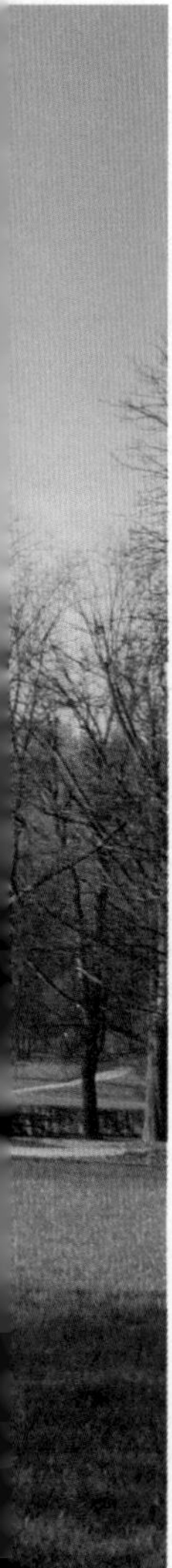

티볼리 공원에서

티볼리 공원

모처럼 날씨가 화창한 토요일 아침 나는 카메라를 메고 집 앞 정류장에서 3번 버스를 기다렸다. 그날 중에 끝내야 할 원고나 강의안이 없는 여유로운 날이었다. 이 길 끝에는 뭐가 있는지 궁금했다기보다 시내버스를 시티투어버스라고 착각하며 게으르게 한가로움을 즐기고 싶었다. 휴일이라 배차 간격이 길었다. 한참 만

∽ 티볼리 공원 내 비엔날레 갤러리 카페.

에 온 버스에 올라 버스카드를 단말기에 댔다. 붉은색 엑스표가 들어왔다. 충전된 돈이 모자라거나 없다는 뜻이다. 나는 난감한 표정으로 운전기사를 쳐다봤다. 그는 웃으며 그냥 타라는 고갯짓을 했다. 며칠 전 등굣길에 불쑥 검표원이 타서는 승객들의 버스카드를 검사한 적이 있어 조금 불안했지만, 토요일이니 검표원들도 쉴 거라고 믿고 뒷자리로 가서 앉았다.

버스는 시립 미술관을 지나고 H&M 매장을 지났다. 여전히 승객이 많지 않았다. 그 전날 류블랴나 대학교에서 특강을 했기 때문에 긴장도 풀리면서 며칠 못 잔 잠이 몰려왔다. 짧지 않은 시간 동안 졸았었나 보다. 누가 나를 툭툭 건드려 눈을 떠보니 예쁘장한 여자아이가 나보고 내려야 한다고 말했다. 종점이었다. 나는 그녀가 버스에서 내려 하얀색 파카를 펄럭거리며 뛰어가서는 개를 데리고 있는 청년과 포옹하는 모습을 지켜봤다. 그곳에는 대학 기숙사가 있었고 맞은편에는 공장으로 보이는 황량한 시멘트 건물 몇 개가 있었다. 사람들의 모습은 이내 사라졌다.

버스에서 내렸던 곳 맞은편으로 걸어가서 집으로 가는 버스를 기다렸다. 근처에 아무도 없었다. 나는 좀 쓸쓸함을 느꼈다. 아마도 찬바람이 불고 배가 고파왔기 때문이었으리라. 도로 돌아가는 버스를 타고 대여섯 정거장을 지날 즈음, 티볼리 공원의 이정표가 보였다. 재빨리 하차 버튼을 누르고 내렸다.

'티볼리Tivoli'란 명칭은 한국인에게 낯설지 않다. 2006년 국제빙상경기연맹 세계주니어 피겨스케이팅 대회가 펼쳐진 곳이 티볼리 공원 내 경기장이었고, 거기서 김연아 선수가 첫 금메달을 획득했는데 그게 한국 피겨스케이팅사상 최초 국제 우승이었다. 그런 사실을 떠나서라도 나는 류블랴나에서 가장 크고 아름답다는 공원을 산책하고 싶었다.

티볼리 공원은 드넓은 숲과 산책로가 있는 시민들의 휴식 장소이자 다양한 레저와 문화를 즐길 수 있는 곳이다. 공원 입구로 들어가면 미니골프 연습장과 야외 스케이트장이 보인다. 그 뒤로는 체육관 시설이 있는데, 내가 가본 날에는 1층에서 슬로베니아 록밴드가 무대 위에서 콘서트 리허설 중이었다. 거기서 조금 떨어진 시민체육관에는 수영장과 사우나 시설이 있다. 몸에 착 붙는 운동복을 입고 조깅하는 사람도 많고 하이킹에 나선 사람들도 많았다. 티볼리 공원은 넓게 로주니크Rožnik 언덕과 시셴Šišen 언덕을 포함하고 있는데 숲이 울창하고 야트막해서 굳이 등산화를 신지 않아도 쉽게 올라갔다 류블랴나 도심 쪽으로 내려갈 수 있다. 나는 공원을 산책하다가 야외 전시관과 미술관을 둘러보고 미술관 안에 있는 카페에서 과일주스를 마셨다. 그러면서 언젠가 다시 늦은 봄에 이곳을 방문해, 좋은 사람과 함께 하이킹을 하고 로주니크 언덕 위에 있는 레스토랑에서 아이스크림과 도넛을 사먹겠다고 결심했다. 시간에 쫓기지 않고 숲길을 걸으며 얘기를 나누다 길거리에 주저앉아 아코디언 연주를 들으며 천천히 어두워지는 하늘을 바라보리라.

그날 종일 나는 버스 타기, 산책, 그리고 배회로 시간을 보냈다. 5유로도 안 되는 돈을 주머니에 넣고 나가서 주스를 사 마셨고 빵을 사서 벤치에서 먹었다. 늦은 시각 거리를 걸어도 이 도시에서 취객이나 걸인을 만난 적이 없다는 사실이 문득 떠올랐다. 가방을 앞으로 돌려 메고 행인을 경계하며 걷던 파리와는 달랐다. 티볼리 공원을 나오며 문득 뒤를 돌아보니 개똥지빠귀를 닮은 검은 새 한 마리가 보였다. 다시 올게. 나는 조용히 새에게 인사했다.

…… 류블랴나 시청사

시청사 갤러리는 무료입장입니다

1484년에 건립된 시청사의 첫 건물은 1717년부터 1719년 사이에 건축가 게오고로 마체크Geogor Macek의 설계에 따라 후기 바로크 양식으로 재건축되었다. 이 건물은 헤라클레스와 나르시소스 분수, 고딕 강당을 포함한 류블랴나의 수많은 기념물들을 보존해왔다. 류블랴나 시청사는 입장료를 받거나 검문을 하지 않고 자유로이 출입이 가능하다. 1층에는 다양한 전시회가 열리고 예전에 사용됐던 우물이 보존되어 있다.

시청사 갤러리에서 내가 본 전시 중 가장 인상 깊었던 것은 'No border', 즉 '국경 없는'이라는 타이틀의, '만약 지금 당장 떠나야 한다면 당신은 무엇을 꼭 챙겨 가시겠어요?'라는 주제로 보름간 진행된 전시였다. 슬로베니아에서 실험적 설치미술을 하는 젊은 작가들이 중심이 되어 연 이 전시에는 다양한 사람들이 참여했다. 갤러리로 들어서서 맨 처음 마주하는 공간에는 국경을 넘어온 이민자들, 잠시 체류 중인 여행자들의 작품들이 전시되고 있었다. 흰 벽에 박힌 여러 개의 못 위에 어떤 이는 자신이 가져갈 물건들을 걸어놓았고, 어떤 이는 바닥에 놓인 몇 개의 트렁크 중 큰 것 하나를 골라 자신의 짐을 넣어두었다. 또 어떤 이는 선반에 놓인 포스트잇에 자신이 떠날 때 가져가야 할 물건의 목록을 적어 벽에 붙여놓기도 했다. 전시를 관람하러 온 사람들도 자유롭게 종이 위에 뭔가를 적어서 벽에 붙이기 시작했는데, 첫날 전시가 마칠 때쯤에는 한쪽 벽이 노란색, 분홍색 종이들로 가득 찼다.

이탈리아 국적의 간호사는 남자친구와 찍은 사진, 액세서리, 일기장, 옷가지, 샌들, 카메라, 약병 등을 넣었는데, 특이하게도 학위 논문집을 트렁크 맨 위에 놓아두었다. 유럽 여행 중인 한 남학생은 벽에다가 팬티와 구멍 난 청바지, 푸른 티셔츠, 선글라스 등을 걸었는데 나는 못에 걸린 그의 때 묻은 운동화 끈이 참 예쁘다고 생각했다. 아주 뚱뚱한 백인 아저씨는 종이 위 딱 두 가지만 적었다. 여권과 지갑. 아마도 여러 장의 카드가 있는 부자였겠지.

"내 고양이는 어떡하죠?" 한 소녀가 울상을 지으며 자기 엄마에게 물어봤다. 나도 조금 울고 싶어졌다. 전시회 기획자에게 내일까지 트렁크를 싸가지고 오겠노라 장담했지만 정작 뭘 넣고 어떤 걸 버려야 할지 마음속의 캐비닛에 정리가 안 됐다. 문득 '공수래공수거空手來空手去'란 말이 떠올랐지만 살아 있는 동안 움직일 때는 소소하나마 필요한 것이 얼마나 많은지. 그중에서 내가 버릴 수 없는 게 무엇인지 걸으면서 곰곰이 생각해봤다.

푸른 제복을 입은 할아버지가 기다란 막대기를 들고 등을 켜고 있었다. 말로만 듣던 노르스름한 가스등이었다. 나는 그 할아버지를 따라가며 옛 우물과 마차가 다니던 길과 고풍스러운 건물들을 지나쳐 갔다. 가스등이 켜질 때마다 우울하고 습한 밤의 공기가 점점 더 달콤해졌다. 나를 떠나게 하고 다시 잠시 머뭇거리며 머무르게 하는 것은 무엇일까? 마음의 등이 꺼질 때까지 홀연히 나는 그 불빛 아래서 무엇을 쓰고 싶은 것일까?

Dear
Slovenia

류블랴나 성으로 가는 K

그는 또 앞으로 걸어갔다. 그 길은 기다랗게 뻗어 있었다. 마을의 큰길은 성이 있는 산으로 통해 있지 않았다. 단지 성이 있는 산에 가까이 접근하는 듯하면서도 짓궂게 다시 구부러지곤 했다. 어쨌든 성에서 멀어지는 것은 아니나 그렇다고 도무지 가까워지는 것도 아니었다.

카프카의 《성》에 나오는 한 구절이다. 《성》의 주인공인 측량기사 K는 성의 부름을 받고 마을로 왔지만 성 안으로 들어가지 못했고 고용되지도 못했다. 이런 사태가 나에게 일어난 건 아니지만, 나는 류블랴나 성에 오를 때 자주 K의 처지를 내 실존에 빗대곤 했다.

어느 날 아침, 잠이 덜 깬 채 빈 찻잔을 꺼내는데 초인종이 울렸다. 문밖에서 잔기침 소리도 나는 것 같았다. 문을 열어보니 젊은 여성이 서 있었다. 아래층에 사는데 욕실 천장에서 물이 샌다며 곤란한 표정을 지었다. 나는 그녀를 집안으로 들어오게 하여 내 욕실을 보여주며 말했다. "오늘 아침엔 물을 쓰지 않았어요. 순간온수기에 문제가 있어 더운물이 나오지 않아 평소에도 샤워를 거의 하지 않고 물 사용을 최소한으로 하는데, 물이 샌다니…… 내가 집주인에게 연락해 배관공을 불러 점검해볼게요." 그녀가 손으로 자신의 연한 금빛 머리칼을 귀 뒤로 쓸어넘기며 낮은 음성으로 대답했다. "너무 서두를 필요는 없으니 천천히 알아봐주세요. 이렇게 쌀쌀한 날씨에 온수가 안 나오면 참 불편하겠네요." 그녀가 내게 호의와 측은함을 담은 눈빛을 보내고 나간 뒤에 나는 바싹 마른 욕실 바닥에 슬리퍼가 없다는 걸 새삼 깨달았다. 욕실 슬리퍼가 있는 나라에서 그런 걸 전혀 사용하지 않는 나라로 옮겨왔다는 사실, 사소한 사물의 부재 인식이 나로 하여금 낯선 유배지로 밀려온 이의 감정을 느끼게 했다, 터무니없게도.

그 전날 저녁에 온 이메일로 나는 작은 일에도 예민해져 있었다. 이메일을 보낸 한국의 대학 조교는 내년 봄 학기 신규 강사로 채용되기 위한 몇 가지 서류를 보내라고 했다. 이력서(사진 필참), 석 · 박사 학위증명서(원본 필수), 강의경력증명서, 산업체경력증명서 등을 빠른 시일 내로 보내라는 건데, 나는 여기서 어떻게 그 서류들을 잘 준비해서 보낼 수 있을지 막막해 답신을 보내지 못한 채 밤잠을 설쳤다. 돛을 단 배를 타고 망망대해를 지나 서류 더미로 만들어진 섬에 가서 팔을 휘저으며 세금계산서, 증명서, 폐지 같은 것들이 든 종이 상자들을 마구 뒤지는 꿈을 꾸다가 깨기도 했다.

측량기사 K는 번번이 성으로의 진입에 실패한 반면, 내가 즐겨 찾았던 류블랴나 성Ljubljanski grad은 나에겐 일종의 피신처 같은 곳이었다. 나는 성으로 가는 언덕 기슭에서 뾰족뾰족한 성벽과 첨탑을 올려다보며 강에서 불어오는 바람이 밤나무와 잘린 플라타너스 그루터기를 지나 숲에서 만들어내는 향기로운 소리에 조용히 귀를 기울이곤 했다. 성으로 가는 길은 미래에 대한 고민이나 고용 여부에 대한 불안을 가느다란 희망으로 바꿔놓았다. 오래된 언덕 아래로 부드러운 붉은색의 지붕들이 이마를 맞대고 늘어선 시내 풍경과 흰 눈이 덮인 율리안 알프스의 높은 봉우리들을 바라보고 있노라면 알 수 없는 미래에 대한 불안으로 안절부절못하는 자신이 한없이 작아 보여 근심을 훌훌 털고 다시 웃을 수 있었다.

나는 집에서 류블랴나 성까지 늘 걸어서 다녔다. 류블랴나의 중심이라 할 수 있는 프레셰렌 광장에서 류블랴나 성까지는 그 거리의 절반가량으로 아주 가까운 거리다. 트로모스토비에 다리를 건너자마자 왼쪽 1층 건물에 관광안내소가 있는데—그곳에서 지도와 필요한 정보를 얻을 수 있고, 숙박 시설 또한 안내받을 수 있다—그 길을 따라 죽 걸어가면 류블랴나 성으로 오르는 케이블카 승차장이 나온다. 케이블카 타는 비용을 들이고 싶지 않다면 오른쪽으로 조금만 더 걸어가 시청사 앞의 분수대를 지나 작은 가게들과 레스토랑, 카페들이 늘어선 구도심 길을 따라가면 된다. 처음 이 도시를 방문한 사람은 복잡하게 얽힌 그 길을 걸으며 낯선 도시를 헤매는 기분에 빠질지도 모른다. 하지만 그런 기분을 느끼는 것이야말로 여행의 묘미가 아닐까? 그렇다고 너무 헤매게 될까 하는 걱정은 내려놓으시길. 도시가 작기 때문에 충분히 헤매기도 전에 '류블랴나 성'이라는 표지판을 발견하게 될 것이다. 얕은 저수지에서 잠시 허우적거렸을 뿐인데 강 건너편에 도착해 있을 때처럼 약간 시시한 기분이 들지도 모른다.

프레셰렌 광장 근처에서 류블랴나 성으로 갈 때면 나는 구시가지 골목길을 따라 걷다가 길모퉁이에 있는 작은 커피 바 츨레멘티나Clementina에서 왼쪽 길을 걸어 성으로 갔다. 그 길 모퉁이에 '울리차 나 그라트Ulica na Grad(성으로 가는 길)'라는 거리 표지판이 보이는데, 거기서부터 이십 분 정도 걸어 올라가면 성이 나온다. 나는 곧장 성을 향해 올라가지 않고 츨레멘티나에 들러 입구 가까운 자리에 앉아 차를 한 잔 마시곤 했다. 츨레멘티나의 테이블들은 오래된 재봉틀을 개조해 만든 것들이라 테이블보가 주름진 이마처럼 구겨지기 일쑤였는데 그 모양이 참 앙증맞았다. 여름에는 바 앞의 거리가 노천카페가 되지만 겨울엔 밖의 테이블이 서너 개 정도에 불과하다. 나는 이곳에서 처음 만나는 사람들과 얘기를 나누고 파티 초대를 받기도 했다.

류블랴나 성은 류블랴나 시내 어디에서든 볼 수 있는 곳에 위치해 있다. 밤엔 푸르스름한 황금빛 조명으로 둘러싸여 그 고혹적인 자태가 한결 더 아련하게 빛난다. 여행객들에겐 관광 필수 코스이지만 현지인들에겐 익숙하고 매력적인 산책 코스로, 운동하러 매일 성에 올라 한 바퀴 돌고 다시 내려가는 사람들이 많다. 성에서는 각종 문화행사와 슬로베니아의 역사와 '감옥'을 보여주는 상설 전시 외에도 다양한 기획 전시가 열린다. 또한 성에는 도시가 내려다보이는 탑, 오각형 타워, 레스토랑과 기념품 가게, 예식장 등이 있는데, 나는 특히 그곳의 작은 도서관을 좋아했다. 그리고 성의 광장에 앉아 햇살 아래 고개를 들고 망루를 바라보는 것

∽ 류블랴나 성.

∽ 류블랴나 성 안 광장.

을 참 좋아했다. 망루에 서서 도시를 내려다보는 사람들의 뒷모습은 왜 그리 아름답던지. 저 먼 옛날엔 적의 공격을 막아내던 탑과 화살 구멍이 난 높은 벽 위로 새가 날아가는 모습에 황홀감을 느끼기도 했다.

류블랴나 성의 정확한 건축 일자는 알려져 있지 않지만 9세기부터 존재했던 중세의 성이라고 한다. 이 성은 카린티아Carinthia 공자들의 거처로서 12세기에 처음 문헌에 기록되었고, 14세기에는 합스부르크 왕가의 수중으로 넘어갔다. 1511년에 발생한 지진으로 당시의 성이 허물어졌고 지금과 같은 외관을 갖춘 것은 16세기 후반부터다. 별채들은 거주 구역과 남쪽으로 이어진 가까운 공원이 만들어질 때 더해졌다. 고딕양식으로 된 성 유리아St. Jurija 부속 예배당 외부를 제외하면, 모든 주요한 건물들이 16세기와 17세기에 지어지거나 재건축되었다. 17세기에는 터키의 위협 속에서 성이 점차 파괴되었고, 1814년에는 수비대가 주둔하다가 주州의 감옥으로 이용되기도 했다. 1848년에는 화재를 경고하거나 중요한 사건이 있을 시 대포를 발사하는 관측탑이 세워졌다. 1905년에는 시 행정부가 문화적 이용을 위하여 성을 구매했지만 1970년대 말이 되어서야 복구와 개발, 재건을 시작하게 되었고 시민을 위한 공간으로 재탄생하게 된다.

나는 많은 날을 이 성에서 보냈다. 전시실을 둘러보거나 담쟁이

넝쿨 아래 벤치에서 책을 읽었고, 어떤 날은 여러 갈래 길 중에서 어디로 갈까 잠시 고민하다가 노천시장 쪽으로 난 길로 걸어 내려와 장을 봐서 집으로 돌아오기도 했다. 저녁에는 성에서 데이트를 하는 젊은 커플이 꽤나 많은데 저녁놀을 바라보는 척하며 그들의 입맞춤을 훔쳐보기도 했다. 마지막으로 성에 들른 날 나는 성에 있는 레스토랑 '고스틸나 나그라두Gostilna NA GRADU'에서 식사를 했다. 매번 유리문을 통해 들여다본 레스토랑이 너무 고급스러워 쉽게 들어갈 마음이 들지 않았는데 그날은 안드레이 교수가 한턱을 내겠다고 해서 마음 놓고 그곳을 약속 장소로 잡았다.

나그라두(www.nagradu.si/en/)는 특이하게 성곽 벽을 그대로 벽면으로 살려 사용했고, 은은한 조명이 비추는 넓은 공간이 단정하게 정돈되어 있었다. 방문한 날에는 손님도 많지 않아 전반적으로 차분한 분위기였다. 레스토랑 뒤편으로 감옥으로 쓰였던 곳이 있고 옆으로는 오솔길이 보여서 독특한 공포감도 다소 느껴졌다. 메뉴는 이탈리아 요리부터 슬로베니아 전통 요리까지 다양했다. 레스토랑 지배인이 바깥 테이블 가까이에 모닥불을 피워놓아서 우리가 식후 커피를 마실 때쯤에는 별빛이 마음대로 내려앉는 텅 빈 광장을 바라보며 담소를 즐길 수 있었다. 음식 값이 많이 비싸지 않아 류블랴나에서 한번쯤 제대로 된 요리를 즐기고 싶은 여행객이라면 한번쯤 방문해봐도 좋을 곳이다.

Dear
Slovenia

류블랴나 성에서 내려다본 류블랴나 시내.

류블랴나 추천
카페, 레스토랑, 바

류블랴나에서 내가 갔던 카페와 레스토랑 중에
괜찮았던 곳들을 소개하고 싶다.
음식이 유난히 맛있거나 명소로 꼽히는 곳들은 아니지만,
개인적으로 다시 가서
요리가 나오기를 기다릴 의사가 충분한 곳들이다.
고로 대중적인 평가라기보다
개인적인 추천이라는 점을 강조하고 싶다.

슈파이자 SPAJZA(www.spajza-restaurant.si/en)

류블랴나 성에서 가깝다. 구도심 거리에 있는데 어린 말고기 스테이크를 포함한 서부 슬로베니아-차르스트Carst와 이스트리아Istria-요리를 맛볼 수 있다. 내가 슬로베니아 전통 요리를 처음으로 맛본 곳이다. 그 근처의 '소프라SOFRA'라는 보스니아 전통 레스토랑의 음식도 정갈하고 괜찮다.

타바르 TABAR

류블랴니차 강변에 있는 모던하고 심플한 바다. 나는 이곳에서 간단하게 점심을 먹고 음료를 마셨는데, 빌리 홀리데이의 음악을 들으며 꾸밈없는 이곳의 젊은이들을 기분 좋게 바라보곤 했다.

발렌틴 Restaurant VALENTIN(www.restavracija-valentin.si/en)

생선 요리 전문 레스토랑으로 트로모스토비에 다리 옆의 '리비차RIBICA'라고 부르는 수산 시장 내에 있는 현대적인 식당으로, 신선한 해산물과 생선 요리는 물론, 이스트리아 반도에서 생산한 좋은 와인을 맛볼 수 있다. 품격 있고 고상한 분위기를 선호하는 사람에게는 그다지 어울리지 않겠으나 신뢰감을 주는 평범한 사람들 사이에서 재미있고 편안하게 식사할 곳을 찾는다면 좋은 선택이 될 수 있다.

프리 슈코푸 PRI ŠKOFU

류블랴나 대학교 예술학부와 류블랴니차 강 사이의 크라코보Krakovo 거리에 있는 술집이다. 나는 이 거리와 그곳의 작은 바, 카페, 레스토랑 등을 잊지 못할 것이다. 크라코보 거리는 시청사에서 본다면 강 건너편에 있는 마을로 칠백 년 이상 된 작은 집들과 숨겨진 정원, 아름다운 건물들이 촘촘히 들어서 있다. 옛날에는 강에서 물고기나 게를 잡아서 파는 어부와 마당에 꽃과 채소를 심어서 팔던 아낙들이 살던 마을이었는데, 내가 좋아하는 슬로베니아의 표현주의 화가 리하르트 야코피치가 태어난 곳이기도 하다. 나는 중세 마을 주변의 작은 거리와 울타리 길을 걷다가 조그만 바에서 맥주를 마시곤 했는데, 지금은 그곳들의 이름이 세세히 기억나지 않는다. 다만 '프리 슈코푸'만은 이름을 잊지 않았다. 흐릿한 싸구려 술집 창밖으로 바라보이던 길의 끄트머리로 사라지던 많은 자전거 바퀴 자국처럼 내 마음에는 그런 날들의 기억이 유리창에 찍힌 지문처럼 남았다.

비스트로 드보이카 BISTRO DVOJKA

류블랴나 대학교 예술학부 뒤의 림스카 21번가Rimska cesta 21에 있는 작은 레스토랑으로 지중해에서 영감을 얻은 '국경 없는' 요리를 제공한다. 말 그대로 음식이 무난하며 다국적이다. 학교에 가는 날이면 곧잘 이 레스토랑에서 점심 특선을 즐겼다. 적당한 가격에 무난하고 담백한 맛의 요리를 양껏 먹을 수 있다. 이곳에서 류블랴나 대학교의 교수들을 자주 마주쳤다. 식사 후에는 이곳에서 디저트를 먹기보다 몇 발짝 떨어진 '바라 북카페Bara book Cafe'에서 커피를 마시거나 삼분 거리의 '리빙 룸 라운지Living room lounge(Igriška ulica 10, Ljubljana)'에서 핫초콜릿을 마셔보길 추천한다.

리바다 LIVADA(www.gostilna-livada.si/boat-tours/)

내가 살았던 동네에서는 멀지 않은 레스토랑이지만 류블랴나 도심에서 가려면 다른 곳과는 달리 택시나 승용차를 이용해야 한다. 류블랴니차 강 하구에 위치하고 있으며, 보트 투어를 제공하기도 한다. 식사를 한 후 정원을 거닐거나 강변에서 산책을 즐길 수 있는 여유를 주는 오래된 전원적인 레스토랑이다. 주로 현지인 가족이나 중노년 층이 즐겨 찾는 듯했다.

포트 로주니콤 POD ROŽNIKOM 또는 GOSTILNA ČAD

이름에서 알 수 있듯이 로주니크 언덕 아래에 있는 아주 오래된 발칸 요리 레스토랑이다. 류블랴나 사람들에게 이 레스토랑은 인기가 높아 주말에는 예약을 하지 않으면 오래 기다려야 자리를 잡을 수 있다. 많은 이들이 고스틸나 차트GOSTILNA ČAD라고도 부르는데, 그건 이 레스토랑의 옛 이름이다. 나는 강병융 작가 가족과 이 레스토랑에 가서 처음 발칸 요리를 맛보았고 이후로는 발칸 음식을 일부러 찾아서 먹을 정도로 좋아하게 되었다. '고스틸나'란 전통 방식의 간단한 식사를 파는 레스토랑이라는 뜻이다.

사라이 SARAJ(www.Sarajrestavracija.si/)

정통 보스니아 사라예보 요리를 파는 레스토랑이다. 실내장식 또한 보스니아 느낌을 물씬 살렸다. 류블랴나 도심에서 버스나 택시로 십오 분 정도 떨어진 거리에 있는데, 홈페이지를 참고하면 찾기 쉽다. 안드레이 교수의 집에서 멀지 않은 이곳에서 나는 그와 만찬을 즐겼다. 내가 보스니아에 가보고 싶다고 생각한 건 순전히 이곳의 요리 때문이다.

추보 CUBO (www.hotelcubo.com/en/restavracija-cubo/)

류블랴나 드라마 극장SNG Drama Ljubljana 맞은편 호텔의 레스토랑이다. 류블랴나 대학교 인문학부 건물에서도 멀지 않아서 세미나 등으로 외국에서 교수가 오면 이 호텔에서 머무는 경우가 많다. 레스토랑은 점심과 저녁에 한해 외부인에게도 개방되는데 음식이 깔끔하고 맛도 훌륭한 편이다.

크리잔케 야외극장

크리잔케 야외극장에서 사랑을

보통 '크리잔케Križanke'라고 부르는 야외극장의 정식 명칭은 '플레치니코우 크리잔케Plečnikov Križanke'이다. 슬로베니아의 전설적인 건축가 요제 플레치니크가 설계를 맡은 곳으로, 극장명을 그의 이름에서 따왔다고 한다.

프레셰렌 광장에서 크리잔케까지 가는 십여 분 동안 요제 플레치니크의 건축 작품을 최소한 세 가지 정도 목격할 수 있다. 트로모스토비에 다리(1930~1941), 류블랴냐 중앙시장 아케이드(1939~1942), 국립대학도서관(1930~1941) 등이 그것들인데, 바르셀로나가 가우디의 도시라 칭해지듯 류블랴나는 플레치니크의 도시라 해도 과언이 아닐 것이다. 크리잔케(1952~1956)는 플레치니크가 슬로베니아 국립 기념탑Katedrala Svodobe(1947) 건축 이후에 생애 마지막으로 재건축한 건축물이다.

강의를 마친 어느 날 나는 나폴레옹 광장—'프랑스혁명 광장'이라고도 불린다—을 지나 크리잔케로 갔다. 류블랴나 대학교 어문학부 건물에서 크리잔케까지는 걸어서 십오 분 정도가 걸린다. 특별한 목적이 있어 크리잔케에 간 건 아니었다. 그곳의 뜨락에 가면 흉금을 터놓을 수 있는 친구와 마주 앉은 듯 안온한 느낌이 들고, 운이 좋으면 무료로 야외 연주회를 볼 수 있기 때문이다.

크리잔케는 원래 13세기 중엽에 수도원으로 건축되었다가, 2차 세계대전 후인 1950년대에 극장으로 바뀌었다. 정원은 야외극장으로 사용되며 한겨울을 제외하고는 항상 다양한 행사와 공연이 열린다. 야외극장에서 들리는 소리를 듣는 것만으로 근처를 지나는 행인의 마음은 자유로운 리듬으로 채워진다.

11월 초에 그곳에 갔을 때는 야외극장에서 재즈 연주회가 열리는 기간이었는데 그날따라 공연이 없었다. 다만 한 사람이 정원

구석에 서서 플루트로 모차르트의 곡을 연습하다가 맥없이 고개를 푹 숙였다. 내가 야외극장 입구의 청동으로 만든 피리 부는 사람 조형물에 손가락을 대보고 있을 때, 한 사람이 사과와 빨대가 꽂힌 음료를 들고 건물에서 나와 플루트 연주자에게 다가갔고 두 사람은 포옹했다. 두 사람 모두 여자였는데 마치 연인이 그러하듯 깊숙이 안았다가 서로의 얼굴을 마주보고 있었다. 그 장면은 마치 앙리 마티스의 조각 〈두 흑인 여자〉를 연상케 했다. 피부색만 다를 뿐 두 사람이 한 팔로 서로의 어깨를 감싼 채 금방이라도 키스를 할 것 같은 자세였다.

그즈음 치러진 슬로베니아의 동성결혼 찬반 국민투표 결과가 떠올랐다. 개표 결과는 반대 63.4퍼센트, 찬성 36.6퍼센트로 동성결혼 승인 법안이 거부됐다. 슬로베니아 정부는 지난 3월 의회의 결정으로 동성결혼을 허용하는 법안을 통과시켰는데, 이번 투표 결과는 이미 통과된 동성결혼 합법 법안을 막기 위해 치러졌다는 점에서 국민들의 관심을 끌었다. 보수층이나 가톨릭교회의 반대가 심했던 것 같다. 나로서는 동성결혼이 법안으로 부상했다는 점부터가 충격이었다. 다른 유럽연합 국가들이 동성애자 권익을 보호하는 법을 도입하고 있긴 하지만 슬로베니아는 아직도 다분히 보수적인 국가라는 생각을 나마저 갖고 있었던 것 같다. 두 달 가까이 여기 살면서도 전반적인 분위기를 잘 파악하지 못한 게 분

∽ 크리잔케 야외극장 입구에 있는 청동상.

명하다. 실제로 류블랴나 대학교의 교수 중에는 레즈비언이 있고, 그녀의 연애가 사회생활에 전혀 문제시 되지 않는데도 말이다.

지난 12월 9일, 나는 류블랴나 대학교에서 '한국의 여성시'라는 주제로 두 시간 동안 특강을 했다. PPT 파일을 만들고 영어로 강의하느라 준비하는 데 꽤 시간이 걸렸다. 1980년대 이후 한국 여성 시인들의 작품 원문과 내가 서툰 영어로 번역한 텍스트를 미리 학생들에게 주어, 그 두 가지의 텍스트를 참고해 한국학과 학생들이 다시 슬로베니아어로 번역하는 과정이 있어 어려움이 따랐지만 의미 있는 시간이었다.

최승자의 시 〈여성에 관하여〉를 읽은 직후였다. "한국의 무덤은 이곳의 묘지처럼 평평하지 않고 여성의 자궁 모양으로 볼록한데, 두 개의 이미지를 중첩함으로써 죽음과 탄생을 하나로 연결된 세계로 보여주려는 시인의 사유를 알 수 있겠죠?" 내가 조금 알은 체를 하는데 한 여학생이 질문했다. "이 시에는 '폐허처럼' 훼손된 여성의 모습이 잘 나타나 있지만, 다소 체념적이며 소극적이지 않나요? 남성 이데올로기에 대한 전복적인 각성도 보이지 않고요."

나는 그날 뭐라고 대답했던가? "시에서 굳이 설득이나 저항을 보여줘야 좋은 작품인 것만은 아니다"라며 얼버무렸던가? "시는 햇살에 만개한 화원을 보여주기보다는 태풍에 무너진 폐허를 보여주고, 그럼으로써 그 폐허 위에서 태어나는 것"이라고 했던 것도 같다. 그러나 시에 정답은 없다는 게 정답이므로, 나는 시를 강의할 때마다 등줄기를 타고 식은땀이 흘렀다는 걸 그 시간이 끝난 이후에 안다.

여성과 남성, 선과 악, 참과 거짓 그리고 시와 비시非詩 같은 경계는 조금씩 허물어지고 있다. 국경을 넘어 장을 보러 가고 등교를 하는 이곳에서는 더욱 그런 듯하다.

여성에 관하여*

최승자

여자들은 저마다의 몸속에 하나씩의 무덤을 갖고 있다.
죽음과 탄생이 땀 흘리는 곳,
어디로인지 떠나기 위하여 모든 인간들이 몸부림치는
영원히 눈먼 항구.
알타미라 동굴처럼 거대한 사원의 폐허처럼
굳어진 죽은 바다처럼 여자들은 누워 있다.
새들의 고향은 거기.
모래바람 부는 여자들의 내부엔
새들이 최초의 알을 까고 나온 탄생의 껍질과
죽음의 잔해가 탄피처럼 가득 쌓여 있다.
모든 것들이 태어나고 또 죽기 위해선
그 폐허의 사원과 굳어진 죽은 바다를 거쳐야만 한다.

* 최승자, 《즐거운 일기》, 문학과 지성사(1984).

NO WAY
GURU
PAWEL

판타스틱 메텔코바

류블랴나 대학교 아시아학부 신입생 환영회에 가야 했다. 학생들이 이미 내 티켓과 맥주를 사놓고 기다리고 있다며 전화를 하고 메시지를 보내는 바람에 서둘러 집을 나섰다. 택시를 타려고 길가에 서서 손을 흔들어대는데 지나는 택시도 별로 없을뿐더러 빈 차로 가면서도 내 앞에 서지를 않았다. 하는 수 없이 버스로 메텔코바Metelkova에 도착했다. 메텔코바는 류블랴나에 머무는 동안 내가 자주 찾았던 곳으로 커다란 건물 몇 동과 넓은 마당이 있는 특별한 구역인데 그 안에 여러 개의 갤러리, 전시 공간, 작가 작업실, 클럽, 바, 심지어 호스텔도 있다. 바르셀로나와 파리, 베를린 시내의 스콰트Squat 공간* 보다 크고 그래피티도 더 도발적이다. 류블랴나 도심에 있는 카페나 술집이 문을 닫아도 메텔코바에 있는 바는 새벽까지 영업을 한다. 굳이 바에 들어가지 않아도 된다. 술을 사서 벤치나 전시된 설치미술 사이, 혹은 바닥에 앉아 아침까지 마셔도 누가 뭐라고 하지 않는다. 메텔코바는 일종의 해방구이며 예술가들의 대안공간이다.

메텔코바 입구에서 나를 마중 나온 학생들과 클럽 안으로 들어갔다. 사이키 조명과 댄스 음악이 크게 울리는 그곳에서 열린 신입생 환영회는 신나고 재미있는 축제 같았다. 한국에서 십여 년 시간강사로 학교에 다녔지만 그렇게 파격적인 신입생 환영회는 없었다.

땀을 식힐 겸 클럽 바깥으로 나와 캔맥주를 마시고 있는데 알렉산드라 로자르가 내 옆으로 왔다. 그녀는 한국학과 학생으로 재작년엔 서울로 유학도 다녀와 한국말을 꽤 잘한다.

* 예술가들이 아틀리에로 사용하기 위해 불법으로 점거한 공간.

“선생님! 춤도 추셨어요?”

“응, 조금.”

“그런데 오늘 좀 늦으셨죠? 우리가 문 앞에서 계속 기다렸어요.”

“택시가 안 잡혀서.”

“택시는 콜택시로 불러야 해요. 기차역이나 중앙 버스터미널 같은 데가 아니라면요.”

“아, 그래? 전화번호 좀 가르쳐줄래?”

그제야 나는 류블랴나 시내에서 공항으로 갈 때도 집 앞까지 오는 콜택시를 하루 전날 불러야 한다는 사실을 알게 되었다. 그 후로 나는 종종 콜택시를 이용했다. 택시는 안전하며 외국인이라고 기사가 바가지를 씌우거나 하지 않았다. 택시비도 다른 나라와 비교할 때 저렴한 편이다. 슬로베니아 내에서는 렌터카를 이용하면 이동이 편리하다. 국제면허증으로 운전이 가능하고, ‘비네타Vineta’라는 도로통행티켓을 사서 운전대 앞 유리창에 붙이고 다니면 톨게이트를 무제한으로 통과할 수 있다. 일주일, 한 달, 일 년 사용권 세 종류를 판다.

류블랴나에 도착한 지 일주일도 되지 않아 친해진 화가들이 있는데 루치카 코슈차크Lučka Koščak와 디메 템코우Dime Temkov가 그들

∽ 예술가들의 대안 공간인 메텔코바.

∽ 메텔코바에서 만난 미술가 루치카 코슈차크와
그녀의 작품들.

이다. 두 사람은 모두 메텔코바에 입주해 있는 작가들로, 우연히 갤러리 MKD에 들러 알게 된 사이다. 메텔코바에서는 록 공연도 종종 열리는데, 슬로베니아 록밴드 '코알라 보이스Koala Voice'의 공연을 보고 슬로베니아의 젊은 뮤지션들에게 관심을 갖게 되었다. 최근 북한에서 공연한 슬로베니아 록그룹 '라이바흐Laibach'의 공연도 보고 싶었는데 그룹의 해외 공연 스케줄 때문에 실제로 보지는 못했다. 그들이 부른 〈에델바이스〉와 〈아리랑〉 등 몇 곡을 들었는데 내가 익히 아는 노래들의 새로운 버전이라 신선했다.

메텔코바는 과거 군부대로 쓰였던 곳이다. 부대 시설이었던 곳들은 지금 대안 공간인 클럽으로 사용되고 있으며 예전에 감옥으로 쓰였던 곳이 이제는 호스텔로 이용된다. 메텔코바의 호스텔은 외국 배낭 여행객들에게는 유명한 장소다. 1883년에 오스트리아-헝가리제국의 군 시설로 처음 지어졌고 이후 유고 연방의 군 시설로 사용되다가 1991년 슬로베니아가 독립을 선언하면서 군인들이 떠난 이곳에 가난한 예술가들이 하나둘 모여들었다. 그 후 건물을 점거하다시피 한 예술가들과 류블랴나 시 당국 사이에는 마찰이 끊이지 않았다고 한다. 시 당국은 건물들을 철거하기 위해 전기와 수도를 끊는 등 예술가들을 탄압했지만, 시민 운동가와 예술가들이 끝까지 버텨 이곳을 지켜냈다. 그리고 청년과 예술가들을 위한 대안 공간으로 거듭나, 최근에는 많은 관광객이 찾아들고 외국의 예술가들도 한번쯤 와보고 싶어 하는 류블랴나의 명소가 되었다.

Dear
Slovenia

심심하다면,
찬카리에우 돔으로

“물가가 싸서 좋긴 한데, 도시가 심심해요. 파티 가는 거 아니면 할 것도 없고…… 집에서 인터넷만 하고 있어요.” 류블랴나 대학교에서 만난 한 한국인 유학생의 말이다. 류블랴나에는 국립대학교가 하나 있다. 류블랴나 대학교인데 이곳에 교환학생 프로그램으로 온 한국인 유학생이 2016년 2월 기준 열다섯 명쯤 있다. 전

남 대학교, 경북 대학교, 서울 시립대학교 등에서 온 학생들 중에는 경영학을 전공하는 학생의 수가 가장 많고, 사회과학대, 인문대에서 공부하는 학생들도 있다. 이들에게 어쩌면 겨울의 류블랴나는 다소 심심하고 따분할지도 모르겠다. 하지만 찾아보면 류블랴나는 즐길 거리가 많은 도시다. 지루하다고만 하지 말고 천천히 오후의 바람 속을 거닐다가 문득 오래된 친구네 들르듯 전람회장에 들어가보면 어떨까.

류블랴나 도심 주변에는 가볼 만한 미술관과 박물관이 적지 않다. 아니, 너무나 많다. 도시의 규모에 비해 미술관과 박물관이 넘칠 정도로 많아서 일일이 헤아리기 힘들 정도다. 대표적인 곳만 우선 꼽자면 슬로베니아 시립박물관, 슬로베니아 국립박물관, 메텔코바Metelkova 국립미술관, 국립역사박물관, 슬로베니아 자연사박물관, 슬로베니아 기술박물관, 현대미술관 등을 꼽을 수 있다.

시립박물관은 프레셰렌 광장에서 오 분 정도 거리인데, 류블랴나의 역사와 로마시대 유물을 볼 수 있다. 국립박물관, 현대미술관, 찬카리에우 돔Cankarjev Dom은 류블랴나 광장에서 가까운 신시가지에 있다. 내 걸음으로는 류블랴나 도심에서 이십 분 정도 걸린다. 두 개의 박물관이 위치한 프레셰르노바 대로Prešernova cesta를 따라 걸으면 대통령궁, 국회, 각국의 대사관을 확인할 수 있다.

1821년에 지어진 국립박물관에서는 기원전 6세기경 사용된 항아리인 켈트족의 시툴라situla 등 고고학적 유물들을 연대, 문화, 역사 별로 구분해 전시하고 있다. 그곳에서 가까운 곳에 오페라하우스도 있다. 재작년 오페라하우스에서 열린 〈로미오와 줄리엣〉 발레 공연에서는 슬로베니아 국립발레단의 한국인 발레리나 김혜민 씨가 줄리엣 역을 맡아 뜨거운 갈채를 받았다고 한다.

나는 슬로베니아 국립박물관에서 리하르트 야코피치Rihard Jakopič(1869~1943)의 전시를 보았다. 그는 마테이 스테르넨Matej Sternen(1870~1949), 이반 그로하르Ivan Grohar(1867~1911)와 함께 슬로베니아 인상파 회화의 선구자로 평가받는 화가다. 리하르트의 자화상과 그가 그린 보통 사람들, 농부, 자매들의 그림을 보고 나서는 카페나 도서관 등에 걸린 그의 작품들을 복제한 그림들이 새삼 눈에 들어왔다. 리하르트에게 받은 충격으로 내 관심사는 슬로베니아의 예술과 문화 전반으로 확장되었다. 어느 여행지를 가든 그 나라의 예술가 한 명쯤은 꼭 만나보라. 이미 죽은 사람이든 지금 활동 중인 사람이든, 유명하든 그렇지 않든 상관없다. 한 예술가를 통해 그 나라의 예술과 문화, 사회 전반에 대한 관심이 생길 테고, 과거와 현재, 나아가 미래가 보일 거라고 장담한다.

내가 류블랴나에서 가장 자주 찾은 곳은 류블랴나 대학교 인문대학에서 가까운 찬카리에우 돔이다. 찬카리에우 돔은 '예술 및 의회 센터'로 불리는, 1980년대에 지어진 건축물로 슬로베니아에

∽ 2천 명가량의 관람객을 수용할 수 있는 찬카리에우 돔 음악당.

∽ 찬카리에우 돔에서 관람한
말리 출신 코라kora 연주자 발라케 시소코와
프랑스의 첼로 연주자 뱅상 세갈의 공연.

∽ 슬로베니아 만화가 토마시 라우리치의 특별전.

서 가장 큰 예술센터이다. 무려 2천 명가량을 수용할 수 있는 음악당을 비롯해 영화관, 전시관, 서점 등의 복합 시설물들이 갖춰져 있다. 또한 이 건물 지하에는 막시Maxi라는 커다란 마켓이 있어 전시회에 들렀다가 장을 볼 수 있어서 편리하게 이용했다. 일 년에 한 번 11월 중순경에 열리는 류블랴나 국제영화제도 찬카리에우 돔을 중심으로 열리는데, 전해에 이어 내가 체류한 해에도 한국 영화들이 초청되어 상영됐다.

연말에 찬카리에우 돔에서 비엔나 심포니 오케스트라의 초청 공연을 보지 못했다면 나는 아마 향수병으로 한밤중에 겨울의 류블랴나를 헤매었을지 모른다.

그곳에서 특별히 기억나는 전시는 토마시 라우리치Tomaž Lavrič의 특별전이다. 그는 현재 활발하게 활동 중인 슬로베니아의 대중 만화가로, 나는 그의 작품들을 보면서 만화가 그토록 정치적일 수 있음에 깜짝 놀랐다. 그의 작품들은 사회문제를 패러디 형식으로 유머러스하게 다루는데, 대통령과 정치인, 저널리스트 등 소위 지도층 인사가 지닌 탐욕과 비리, 모순을 날카롭게 캐내어 재치 있게 표현한다.

Dear
Slovenia

∽ 베테체 쇼핑몰 내 매장

초대형 쇼핑몰 베테체

내가 류블랴나에서 석 달 이상 머물렀던 집은 도심에서 꽤 떨어진 곳이었다. 도시가 작아 중심이니 변두리니 하는 말이 무색하지만, 어쨌든 도시 외곽이라 집 앞 버스정류장으로 오가는 버스가 많지 않았다. 3, 3B, 27, 이 세 가지 버스와 두 개 노선이 전부였다.

나는 낯설거나 외딴 곳의 숙소에 한 달 이상 머무르게 되면 습관처럼 아무 버스나 타고 종점까지 가본다. 필연적일 수밖에 없는 불안과 불만을 인정하며 무한정 한가한 사람인 것마냥. 베를린과 파리, 카트만두, 원주와 증평에서도 그랬다. 류블랴나엔 10월 27일에 도착해 두 주쯤 지내다가 27번 버스를 타고 종점까지 가본 적이 있다. 한국 버스의 두 배 정도 긴 버스 뒷자리 창가에 앉아 무심히 창밖을 보면, 목적지도 목표도 없이 흘러가는 바람이 된 것 같은 기분이 된다. 내 심연에 존재하는 대책 없는 낙천성과 어디서 왔는지 알 수 없는 가볍고 허무한 감정이 어우러져 아득한 생을 관조하게 된다고나 할까?

그렇게 종점에 도착했을 때 내 눈은 휘둥그레졌다. 일반적으로 시내버스 종점에 가까워지면 승객이 거의 다 내리고 종점이라는 곳은 후미진 곳이기 일쑤인데 27번 버스의 경우는 달랐다. 류블랴나 도심에서 볼 수 없었던 거대한 복합상가 건물들이 수십 동 연달아 보였다. 대형 슈퍼마켓은 물론이고 카페와 식당, 의류상가, 꽃시장, 맥도널드, 버거킹 같은 패스트푸드 체인점도 있었다. 한 건물에 들어가 보니 명품 의류 가게와 유명 브랜드 신발과 운동용품점, 귀금속 가게, 화장품 가게 등 그야말로 없는 게 없었다. 류블랴나에는 쇼핑할 곳이 마땅찮다는 여행객들의 말을 많이 들은 터라 쇼핑몰들을 본 나는 깜짝 놀랐다. 내가 파리에서 류블랴나로 오기 전에 연락을 주고받던 지인은 류블랴나에 쇼핑할 곳이 없으니 물건들을 잘 챙겨오라고 충고했다. 그래서 낡은 담요와 마시던 와인, 심지어 샴푸, 린스까지 트렁크에 담아 수화물로 부쳤던 것이다. 나는 류블랴나를 작은 마켓도 드문 시골 정도로 생각했는데, 알고 보니 27번 버스의 종점인 베테체BTC 구역은 유럽에서 두 번째로 큰 쇼핑단지였다. 파리에서 구입했던 똑같은 앵글부츠 가격이 류블랴나에서는 조금 더 저렴했다. 27번 버스뿐 아니라 많은 버스들이 그곳까지 간다. 류블랴나 도심에서 시내버스로 채 삼십 분도 안 걸린다. 참고로 27번 버스의 다른 방향 종점에도 대형 슈퍼마켓 및 쇼핑센터가 있다. 나는 김치와 된장 외에 거의 모든 것이 있는 그곳에서 책상 스탠드와 로션, 수건과 발매트, 생필품 등을 구매했다. 대폭 할인된 가격으로 팔던 푸른 벨벳 스커트를 사고 싶었으나 내 눈동자가 검푸른 하늘의 별들과 조응하는 걸로 만족했다.

Dear
Slovenia

집시의 노래,
그리고 침묵의 비브라토

ℰ𝓈 블라트코 스테파노우스키(왼쪽)의 기타 공연

내가 강의를 했던 곳은 류블랴나 대학교 어문학 학부였다. 류블랴나에는 국립대학인 류블랴나 대학교와 작은 시립대학 세 개가 있다. 류블랴나 대학교는 26개 학부에 4만 8천여 명의 학생이 다니는데 건물들은 한군데 모여 있지 않고 류블랴나 시내 여기저기 흩어져 있다.

나는 강의를 마치고 종종 간단히 요기나 하려고 구내 매점에 들르곤 했다. 한날은 조각 피자를 먹고 있는데 기타 소리가 들렸다. 담장을 넘어 붉고 만발한 들장미 향기가 밀어닥치는 듯했다. 나는 들고 있던 피자를 접시 위에 놓고 교정 쪽으로 나가보았다. 낡은 셔츠 바람의 한 남학생이 계단에 걸터앉아 기타를 치고 있었다.

"그 곡 제목이 뭐니?"

"집시 송."

"네가 작곡했어?"

"아니, 블라트코 스테파노우스키Vlatko Stefanovski, 몰라?"

"처음 듣는 이름이야."

"기타의 전설인데."

"너 기타 멋지다."

"한국산이야. 너 혹시 한국인이니? 아니면 일본 사람?"

"난 한국에서 왔어, 남한! 우리나라 기타가 슬로베니아까지 수출되는 줄 몰랐어."

"한국 기타 좋아. 류블랴나에는 한국 기타 파는 악기점도 있는걸."

나는 집으로 오는 길에 레코드 가게에 들러 주인에게 블라트코 스테파노우스키의 CD를 달라고 해서 바로 집에 와서 들어보았다. 〈루마니아 랩소디 1번〉은 블라트코 스테파노우스키와 미로슬라브 타디치Miroslav Tadić가 기타를 연주하고 테오도시 스파소프Theodossi Spassor가 카발Kaval을 연주한 곡으로, 강렬하고 화려하며 민속적인 느낌이다. 발칸 음악을 처음 접한 나로서는 굉장히 낯설고 당혹스러울 만큼 빠져들게 하는 이 음악을 뭐라 설명하기가 곤란했다.

이 세 연주자는 모두 발칸 반도 지역 출신인데 부클릿에 쓰인 내용을 요약하면 이렇다. '이 앨범은 라이프치히 게반트하우스에서 2013년 1월에 있었던 실황을 녹음한 것으로, 침략과 지배, 빈번한 민족 동란을 겪고 다양한 민족과 종교가 혼재한 발칸의 전통 음악을 기반으로 한 즉흥 연주와 편곡 작품들을 담았다. 앨범에는 3인의 발칸 뮤지션들이 등장하는데, 수록곡의 대부분을 편곡하고 전통 악기 카발을 연주하는 테오도시 스파소프와 화려한 테크닉의 기타 거장 2인이 클래식, 민속음악, 재즈가 어우러진 중독성 강한 강렬한 사운드를 선사한다.'

또다른 곡인 〈집시 댄서〉는 활짝 만개한 들꽃들이 핀 평원에서 내가 호랑이, 사자와 더불어 춤을 추는 장면을 상상하게 하는 동시에 그러면서도 꽉 끼는 브래지어가 가슴을 죄듯 심장이 저릿저릿하고 조금은 불편한 템포로 가슴을 두드린다.

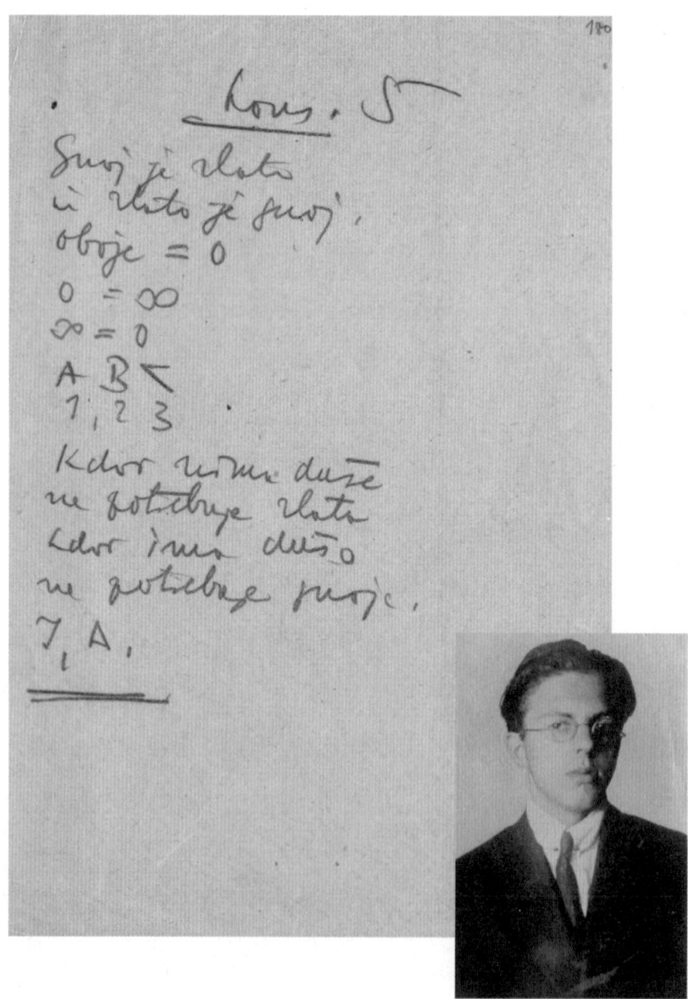

180

Kons. 5

Gnoj je zlato
in zlato je gnoj.
oboje = 0
0 = ∞
∞ = 0
A B C
1, 2 3
Kdor nima duše
ne potrebuje zlata
kdor ima dušo
ne potrebuje gnoja.
1, A,

∽ 스레치코 코소벨의 시 〈곡류. 5〉의 자필 원고와 그의 초상.

나는 다음으로 일본어학을 가르치는 슬로베니아인 교수가 선물해준 음반을 플레이어에 걸었다. 타이틀은 '비브라토 티시네Vibrato tišine'. 번역하자면 '침묵의 비브라토'다. 비브라토는 악기를 연주할 때 소리를, 노래할 때는 목소리를 떨리게 하는 음악적 기법을 말한다. 수록된 열일곱 곡의 가사가 모두 스레치코 코소벨Srečko Kosovel의 시다. 그는 내가 가장 좋아하는 슬로베니아 시인이다. 한국인 중에서 이 시인을 아는 사람은 거의 없을 것이다. 그의 시는 이상李箱의 시와 흡사한 점이 많다. 수학적 기호를 사용한다거나 모던하면서도 파격적인 면이 그렇다. 태어난 시기도 비슷하다. 스레치코가 1904년에 태어나 1926에 사망했는데 시인 이상은 그보다 여섯 해가 늦은 1910년에 태어나 1937년에 죽었다. 요절했다는 점까지 그들은 비슷하다. 음반의 7번, 16번 트랙인 그의 짧은 시를 한국어로 옮겨볼까 한다. 아마 국내 최초로 번역 소개되는 스레치코의 시가 아닐까 싶다. 아니면, 말고.(원문, 번역 순)

KONS. 5

Srečko Kosovel

Gnoj je zlato
in zlato je gnoj.

Oboje = 0

0 = ∞
∞ = 0
A B 〈
1, 2, 3.

Kdor nima duše,
ne potrebuje zlata,
kdor ima dušo,
ne potrebuje gnoja.

I, A.

곡류. 5

스레치코 코소벨

배설물은 황금
그리고 금은 배설물.

Both = 0

0 = ∞
∞ = 0
A B 〈
1, 2, 3.

영혼 없는 이들은
황금을 필요로 하지 않고,
영혼을 가진 자들은
배설물이 필요하지 않다.

아아, 저런.

ČRNI ZIDOVI

Srečko Kosovel

Črni zidovi se lomijo
nad mojo dušo.
Ljudje so kot
padajoče, ugašajoče svetilke.
Enooka riba
plava v temi,
črnooka.

Človek prihaja.
iz srca teme.

검은 벽

스레치코 코소벨

검은 벽이 부수는구나
내 영혼 위에서.
사람들은 마치
떨어지고, 바스라지는 등불 같아.
외눈박이 물고기는
어둠 속에서 눈을 뜨네,
검은 눈.

남자가 온다.
칠흑의 마음으로부터.

아틀란티스에서 누드로 누워

파리를 출발해 류블랴나 요제 푸치니크Ljubljana Jože Pučnik 공항에 도착했을 때 나는 감기에 걸려 있었다. 공항으로 차를 몰고 마중 나와준 강병융 작가가 내 기침 소리에 걱정하며 괜찮냐고 물었을 때 나는 혼잣말처럼 중얼거렸다. "온천 가서 뜨거운 물에 몸을 푹 담그면 나을 텐데……"

파리에서 한 달 동안 작고 추운 방에서 지내며 샤워도 제대로 못해서인지 그 말이 저절로 나왔다. 오 년 전 폴란드 바르샤바 여행 중에 온천욕을 한 기억이 있어 류블랴나에도 그런 시설이 있지 않을까 기대했던 거다. "온천이라면 슬로베니아에 굉장히 많아요. 비엔나에서 온천 여행 오는 사람들도 많이 봤어요. 그런데 류블랴나에 온천이 있는지는 모르겠네요. 사우나는 있는 걸로 알아요. 난 가보지는 않았지만……"

그날부터 한 달하고 일주일이 지난 12월의 어느 날 나는 아틀란티스에 갔다. 플라톤이 언급했던 헤라클레스 바위가 있는 대서양의 섬 아틀란티스가 아니라 베테체 구역에 있는 수영장과 사우나를 갖춘 아틀란티스 말이다. 리조트라고 말하기엔 다소 작은 곳이었다. 카운터에서 돈을 지불하고 팔목에 감는 전자 열쇠와 커다란 샤워타월을 받았다. 탈의실로 들어가 수영복으로 갈아입고 샤워를 한 후 사우나로 갔다. 문을 열자마자 아로마, 허브 향이 가득했고 몇 개의 사우나룸 문이 보였다. 편백나무로 만들었는지 고급스러웠다. 야외에 있는 커다란 풀장의 물이 햇살을 받아 반짝거렸다. 그 순간 수영을 하던 남자가 풀장 밖으로 나오는데 수영 팬티조차 입고 있지 않아서 눈을 질끈 감았다. 이거 뭐지?

탕에 들어갈 때도 사우나룸에 들어갈 때도 누드여야 하는 곳이었다. "수영복을 벗어요. 수영복은 저쪽 수영만 하는 건물에서 입는 거야. 여기선 안 돼." 한 할머니가 내게 작은 소리로 말했다. 건식 사우나에서는 커다란 샤워타월로 몸을 가린 채 앉아 있으면 되지만 습식 사우나에 들어가려면 타월을 입구에 있는 걸이에 걸어두고 들어가야 했다. 과도하게 흘끔거리는 사람은 없었지만 아시아인은 나밖에 없었다. 대부분의 사람들이 나체로 활보했지만 그 문화에 익숙해지기가 쉽지 않았다. 사우나룸에 나체로 누워 입맞춤을 하는 연인들한테 몸을 타월로 꽁꽁 싸매고 있는 내가 우스워 보일 것 같기도 했다. 타월을 벗고 탕으로 몸을 넣는 그 짧은 순간이 어찌나 길게 느껴지던지. 원시 시대로 거슬러가지 않더라도 고대 로마에서도 이처럼 자연스럽게 몸을 씻었을 텐데, 나는 그 자연스러움이 부자연스러워 비싼 입장료와 향기롭고 따스한 열기를 아쉬워하며 금세 아틀란티스를 떠나고 말았다.

그 경험의 진동이 채 가시지 않은 나흘 후 일요일 오후, 나는 다시 사우나에 가게 됐다. 이번에는 류블랴나 대학교 아시아학부의 소그룹 세미나 겸 MT를 1박 2일로 마치고 류블랴나로 돌아오는 길에 사우나에 들러 몸을 녹이고 가자는 의견이 나왔던 거다. 돌이켜보니 그날 모인 사람들은 나 말고는 모두 슬로베니아 토박이였다. 그들과 함께 차를 타고 오는 길이라 나 혼자만 빠지겠다고 말하기가 좀 애매했다. 차가 로가스카 슬라티나Rogaska Slatina라는 온천 도시에 닿았을 때 내 상태는 썩 좋지 못했다. 점심으로 먹은 어린 수사슴 고기가 배 속의 숲에 걸려 있는 것 같이 속이 메스꺼웠다. 내가 우물쭈물하니 한 학생이 말했다. "이곳 온천수는 날개가 달린 말 페가수스가 발견했다는 전설이 있는데요, 마그네슘이 풍부해서 치료 효능으로 유명해요. 크로아티아의 총독도 여기 와서 병을 고쳤다고 하고요." 나는 잘 알지 못하는 교수들, 대학원생들과 함께 남녀 혼탕인 온천탕에 들어갔다. 조명이 침침했지만 눈을 감았다. 숨 막히게 하는 게 물의 온도 때문만은 아니라는 걸 알고 있었다. 나는 신비로운 유토피아 아틀란티스를 떠올리려 했지만 내가 어디서 와서 이러고 있으며, 또 어디로 갈 것인가를 생각하게 되었다. 머리 위로 진흙이 몇 삽 쏟아부어진 것처럼 일어날 수가 없었다.

"와우, 김 선생님! 온천 잘 하시는군요. 다음에는 라스코Lasko에 같이 갑시다. 거기 온천도 정말 좋아요. 우리가 어젯밤에 마신 그 맥주 브랜드가 라스코잖아요. 슬로베니아에서 물 좋기로 유명한 그곳에서 만드는 맥주라 그렇게 맛있는 거예요. 다음 주말에 온천하러 갈까요?" 나는 그 말을 한 교수를 향해 얼굴을 일그러뜨리며 묵묵히 있었다. 그런데 그냥 미소 짓는 것으로 보이기만 해선 안 되겠다 싶었다. 유럽인들은 의사를 정확히 표현하지 않으면 오케이라고 오해할 때가 많으니까. "감사하지만 나는 갈 수 없어요. 내일부터는 정말 끔찍하게 바쁠 거예요."

Dear
Slovenia

류블랴나 식물원과 산책로들

"당신은 마치 나무 같군요"라는 문장은 내 나름의 방언으로 "나는 당신이 참 마음에 들어요"라는 뜻이다. 나무 가까이 가면 내 마음은 새의 심장처럼 파닥거리며 가벼워진다. 그래서 공원이나 숲이 많은 슬로베니아를 좋아하는 건지도 모르겠다. 산책 코스로 내가 즐겨 가고자 했던 곳은 류블랴나 성과 티볼리 공원이었지만 류블랴나 성은 한겨울에 올라가기엔 내공이 필요해 매일 가는 건 무리였고, 티볼리 공원은 버스로 삼십 분은 가야 하는 먼 거리였기 때문에 역시 자주 가지 못했다. 만약 늦가을부터 겨울까지가 아니라 다른 계절에 류블랴나에 왔다면 나는 삼 개월이 넘는 체류 기간에 매일 반나절은 산책을 하며 길거리 공연이나 전시를 보고, 공원의 나무 아래에서 도시락을 먹었을 것이다. 어쩌면 내내 바깥에서 먹고 마시고 헤엄치고 노래하다 잠드는 집시로 살지 않았을까?

아침부터 자욱했던 안개가 전혀 갤 기미가 보이지 않았던 어둡고 추운 1월의 어느 일요일, 나는 어쩌면 눈이 오지 않을까 하는 기대와 함께 류블랴나 식물원으로 산책을 나섰다. 식물원은 집에서 걸어서 십오 분쯤 되는 거리에 있는데, 그날따라 안개 때문에 천천히 걸어서 조금 더 시간이 걸렸던 것 같다.

류블랴냐 식물원은 1809년 나폴레옹이 이끄는 프랑스군이 오스트리아군에 승리하면서 양도받은 남슬라브 영토의 일부였던 일리리아Illyrian 지방에 속해 있었다. 조성될 당시에는 교육 기관으로 만들어졌다가, 1920년에 새로 설립된 류블랴나 대학교에 소속된 후 4천 5백여 종의 식물이 관리되고 있는 식물원이 되었다. 류블랴냐 식물원은 시민들에게 무료로 개방되어 시민들을 위한 문화 예술의 장으로 활용되고 있다.

식물원에서 나는 커다란 소나무 아래에 있는 벤치에 앉아 연못의 물고기를 구경하는 사람들을 보았다. 아버지로 보이는 남자가 물고기에게 밥을 주려는 것처럼 허리를 굽히고 손가락을 뻗어 그의 아들에게 뭔가를 설명하고 있었는데, 아마도 물고기 이름을 알려주는 듯했다. 열정적으로 가르쳐주는 아버지에 반해 아들은 나를 힐끗힐끗 돌아보며 그 자리를 벗어나고 싶다는 표정이었다. 한때는 소년이었을 아버지가 한때는 울창한 숲이었을 정원에서 한숨을 쉬었다.

날씨는 추웠지만 드문드문 산책하는 사람들도 보였다. 담요를 씌운 유모차를 밀고 가는 젊은 부부와 자전거를 끌고 가는 소녀, 장바구니를 든 노인이 내가 앉은 벤치 앞을 지나갔다. 나는 보온병에서 물을 따르고 눈덩이만 한 주먹밥을 꺼내 먹었다. 그럴 필요는 없었지만 나는 도시락을 챙겨 나가 벤치에서 궁상스러울 정도로 오들오들 떨면서 점심을 먹었다. 나는 콧구멍을 벌름거리며 나무와 꽃 냄새를 맡아보았다. 이 겨울에 꽃냄새가 날 리도 붕붕거리는 꿀벌이 날아다닐 리도 없었지만, 어디선가 짙은 봄의 향기가 실려왔다. 교회 종소리가 들렸고, 연못의 수면에 동심원을 그리는 보이지 않는 무언가가 있었다. 나는 식물원 안으로 더 깊이 걸어들어가 벚나무 곁으로 갔다. 나뭇가지에 보일 듯 말 듯 새순이 올라오고 있었다. 몇 해 전 나무를 일본에서 옮겨왔다고 적힌

∽ 식물원을 산책 중인 사람들.

표지판이 있었다. 나무를 이식하면 그 뿌리가 땅에 고루 자리를 잡을 때까지 돌봐주어야 한다. 내가 류블랴나에서 만난 사람들 중에는 한국 국적을 포기하지 않은 채 오랫동안 고향을 떠나 이곳에서 살아가는 사람들이 있었다. 누군가의 따뜻한 도움 없이, 환대해주는 이웃 없이 낯선 토양에서 밥을 벌고 가족을 챙기며 살아가는 그들이 떠올라 마음이 저렸다.

구겨진 그림엽서의 풍경처럼 안개로 뿌연 길을 걸어 집으로 돌아오면서 문득 오래전에 암송했던 헤르만 헤세의 시 〈안개 속에서〉를 떠올렸다.

집으로 돌아오는 길에는 아무와도 마주치지 않았다. 혹여 누군가가 내 곁을 지나갔더라도 알아보지 못할 정도로, 믿을 수 없이 안개가 짙었다. 나는 혼자이지만 그다지 외롭지 않았다. 스스로에 관한 새삼스러운 발견이었다. '혼자 놀기'의 기쁨이랄까, 충만이랄까…… 아니 그 정도는 아니어도 나는 혼자 지내는 시간을 고귀한 것으로, 달가운 마음으로 환대하고 있었다.

안개 속에서*

헤르만 헤세

기이하여라, 안개 속을 거니는 것은!
모든 나무 덤불과 돌이 외롭다
어떤 나무도 다른 나무를 보지 못한다
누구든 혼자이다.

나의 삶이 아직 환했을 때
내게 세상은 친구들로 가득했다
이제, 안개가 내려,
더는 아무도 보이지 않는다.

어둠을, 떼어놓을 수 없게 나직하게
모든 것으로부터 그를 갈라놓는
어둠을 모르는 자
정녕 그 누구도 현명치 않다.

기이하여라, 안개 속을 거니는 것은!
삶은 외로이 있는 것
어떤 사람도 다른 사람을 알지 못한다.
누구든 혼자이다.

* 헤르만 헤세, 《헤르만 헤세 대표 시선》, 전영애 역, 민음사(2007).

류블랴나
추천 산책 코스

축축해진 코트와 목덜미에서 반쯤 흘러내린 머플러를 걸어두고
며칠 전에 쓴 보잘것없는 원고를 들여다보려다가
류블랴나 지도를 펼쳤다. 류블랴나 식물원을 찾아봤다.
만약에 누군가가 그곳에 가보려면—중요한 관광지들을 들르고도
시간 여유가 충분해야겠지만—길을 가르쳐주고 싶었다.
프레셰렌 광장에서 출발한다면 류블랴니차 강을 따라
삼십 분 정도 걸어오면 된다. 걸어오다가 류블랴니차 강과
그루베르Gruber 운하 분기점이 보이는
카를로우슈키 다리Karlovški most 에서 왼쪽 오솔길로 내려오면
식물원 입구가 보인다.
이 외에도 류블랴나에는 걸어볼 만한 길들이 많다.
여기에 간단한 지도와 함께 6개의 산책 코스를 소개해볼까 한다.

• A 코스

류블랴나차 강의 양 강변을 따라 걷는 코스로 슈슈타르스키 모스트Šuštarski most, 즉 옛 제화공의 다리에서 '슈피차 Špica' 거리까지를 말한다. 저녁 무렵에 식물원까지 온다면 카를로우슈키 다리 아래에 있는 보트 바boat bar에 들러 맥주 한잔 마시길 추천한다.

• B 코스

티볼리 공원을 통과해 찬카리에우 우르흐Cankarjev Vrh로 가는 몇 개의 길을 따라 걸으며 로주니크 언덕의 정상을 지나는 산책 코스이다. 찬카리에우 우르흐에서 '우르흐'는 정상을 뜻하고, 찬카리에우는 찬카르Cankar라는 사람의 성姓에서 따온 명칭이다. 로주니크 언덕의 정상에 있는 오래된 마을에서 수년간 살며 시와 희곡, 소설 등을 썼던 슬로베니아의 작가 이반 찬카르Ivan Cankar를 기념해 이 같은 이름을 붙인 이 아름다운 언덕을 나는 사랑한다. 작가가 살았던 집은 지금은 펍으로 바뀌었는데, 그 정원에 앉아 언덕의 붉고 조그마한 성모방문성당C. Marijinega Obiskanja를 바라보면서 서툶과 늦춤, 침묵과 발언의 차이가 까마득해지고 가을 낙엽이 바람에 솟아오르던 한순간이 떠오른다.

산책으로 나른해졌다면 펍에서 도넛이나 음료, 시원한 맥주나 간단한 음식을 먹으면 기운이 다시 솟을 것이다. 이백 년 간 그곳에 자리한 너도밤나무와 소나무 숲이 있는 멋진 코스이니 꼭 걸어보기 바란다. 그리고 이 코스에서 가볼 만한 곳으로 국제그래픽아트센터와 현대미술관(티볼리 공원 5번 입구)이 있다.

찬카리에우 우르흐 가까운 곳, 로주니크 언덕 중턱에는 동물원Ljubljana Zoo도 있다. 1949년에 조성된 이 동물원에서는 스라소니, 산양, 곰 그리고 얼룩돼지 등 슬로베니아를 대표하는 동물들뿐 아니라 코끼리, 호랑이, 침팬지 등 119종, 500여 마리의 동물들을 볼 수 있으며 캠핑장, 동물 관리사 체험 등 다양한 활동을 즐길 수 있다.

• C 코스

그라이스키 흐리프Grajski hrib는 '언덕 위의 성'이란 뜻으로 3번 코스는 류블랴나 성이 있는 언덕에 난 여러 길을 산책하는 코스다. 이 길에서는 류블랴나와 그 주변 산의 멋진 풍광을 만날 수 있는데, 서쪽으로 율리안 알프스Julian alps를, 북쪽으로는 정말 아름다운 캄니슈케 알프스 Kamniške Alps를 볼 수 있다.

❶ 성모방문성당
❷ 국제그래픽아트센터
❸ 류블랴나 동물원
❹ 찬카리에우 돔
❺ 프란체스코 수태고지성당
❻ 즈베즈다 공원
❼ 국립도서관
❽ 크리잔케 야외극장
❾ 류블랴나 기차역
❿ 용의 다리
⓫ 류블랴나 시청사
⓬ 트로모스토비에 다리
⓭ 제화공의 다리
⓮ 카를로우슈키 다리
⓯ 보트 바
⓰ 류블랴나 성
⓱ 푸치네 성

• **D 코스**

나무가 우거진 '골로베츠Golovets 언덕'을 지나는 4번 산책길은 류블랴나 성 언덕 맞은편에 있다. 7월 중순에 그 길을 걸으면 블루베리를 딸 수 있고, 상쾌한 숲속에서 류블랴나와 그 인근의 멋진 풍경을 감상할 수 있다. 나는 2016년 1월 초순에 그 길을 산책하고 싶었으나 유감스럽게도 연일 폭설이 내려 그러지 못했다.

• **E 코스**

크라코보KRAKOVO 구역과 트르노보TRNOVO 구역 사이에 위치한 그라다슈치차Gradaščica 강을 산책하는 5번 코스에는 건축가 플레치니크가 살았던 오래된 집이 박물관으로 조성되어 있고, 에모나EMONA(류블랴나의 로마식 이름) 시의 고대 로마 시대의 벽도 가까운 곳에 있다. 무엇보다 크리찬케Krizanke 오픈 극장이 있으므로 천천히 걸을 가치가 충분한 길이다.

• **F 코스**

류블랴니차 강을 따라 '푸치네 성Grad Fužine'을 향해 걷는 길 역시 즐겁다. 특히 봄부터 가을 사이에 더욱 좋다고 한다. 푸치네 성은 현재 류블랴나 건축 박물관Architecture museum of Ljubljana이다.

이상 여섯 개가 내가 추천하는 산책 코스다.
하지만 이 길들이 아니어도 좋다.
류블랴나의 오래된 좁은 골목을 걷는 것만으로도
행복한 산책이 될 것이라 믿는다.
꼬불꼬불한 산길과 돌계단,
한 사람이 겨우 지나갈 수 있는 좁은 골목에서라면
별다른 일이 일어나지 않아도
바로 제자리에 있다고 느낄 테니까.

MUTTI
MUTTI
Passata Mutti
3,5
POLNOMASTNO
ALPSKO
mleko
peteršilj
zdrobljeni
KOTÁNYI
Čemaž
POLJE

∞ 류블랴나의 슈퍼마켓에서 구매한 식료품들

뭘 먹고 사니?

슬로베니아에는 중식당, 일식당이 있지만 한식당은 없다. 하루는 류블랴나 중심에 있는 아시아 마켓에 갔는데 살 게 하도 없어서 라면 두 봉지와 고추장만 사 온 적도 있다.

어느 슈퍼마켓에나 쌀은 종류가 다양하고 값도 저렴하다. 잡곡도 다양하다. 특히 이곳 사람들은 콩을 많이 먹는지 종류가 많고

ෆ 집에서 만든 간단한 파스타. 버섯, 피망, 호박 등을 넣어서 만들어봤다.

맛도 좋다. 슬로베니아에서는 콩과 견과류, 채소, 과일들을 많이 재배하기 때문에 신선하고 가격도 저렴한데, 동네에 있는 슈퍼마켓이나 트르즈니차Trznica라고 하는 채소 및 과일을 위주로 파는 작은 가게에서 쉽게 구매할 수 있다. 이들 가게는 평일에는 오후 대여섯 시경까지 영업하고 주말과 일요일엔 문을 닫는 경우가 많다.

나는 주로 집에서 밥을 해먹었다. 기력이 달린다 싶으면 쌀과 콩을 섞어 불려놓았다가 밥을 하고 쇠고기 안심 스테이크에 브로콜리와 양배추를 얇게 썰어 국을 끓였다. 쿠푸스Kupus도 해먹었는데, 쿠푸스는 내가 담근 '김치'다. 양배추에 소금과 식초로 간을 한 후 고춧가루로 버무리고 오래 두고 먹었다. 고기 가격이 한국에 비하면 절반 이하라서 양질의 고기를 실컷 먹을 수 있지만 자주 먹게 되지는 않았다. 가지 볶음을 하려다가 가지가 한국 가지의 두세 배 크기라 감당이 안 되어 못 산 적도 있다.

한번은 감기 기운이 있어 집 근처 슈퍼마켓에 가서 생강 두어 덩이를 사와서 달였다. 슬로베니아 생강은 껍질과 특유의 향이 부드럽고 아주 싱싱하다. 생강 달인 물에 꿀을 넣어 마셨더니 초기 감기 증세는 완화되었다. 슬로베니아 생강 과자도 아주 맛있다. 귀국할 때 생강 과자를 몇 상자 선물로 사올 정도였다.

아침 식사로는 주로 빵과 수프를 먹었는데, 종종 조식을 건너뛰고 이른 점심식사를 하곤 했다. 빵과 스파게티, 샐러드 혹은 빵과 굴라시golaz로 때울 때가 많았다. 스파게티나 굴라시는 라면 끓이는 정도의 시간과 노력이면 뚝딱 만든다. 파슬리나 바질, 월계수 잎도 흔해서 만들기가 간단하다. 슬로베니아 빵은 향신료나 버터, 설탕 등이 첨가되지 않은 것이 많고 방부제 사용은 전혀 하지 않는다. 담백하고 소박한 맛이랄까? 아침엔 종종 빵집에 가서 막 구운 따뜻한 빵을 사왔는데 그때마다 동네 주민들로 가게 안이 북적였다. 슬로베니아 사람들은 새벽에 빵을 사 가져가 아침을 먹고 일곱 시경에 출근한다. 빵집 앞에서 동네 주민들과 인사를 나누는 일은 일상이 됐다. 사과와 치즈, 고기가 층층이 들어간 부레크burek는 슬로베니아 전통 빵인데 몇 조각 사두면 비상식량으로 든든했다. 초등학생들도 일곱 시에는 학교를 향한다. 여덟 시에 1교시가 시작되는데 고등학생들도 오후 두세 시면 수업이 파한다. 그 시각엔 직장인들도 퇴근하기 때문에 버스에 사람이 많다.

토요일 오전에는 재래시장에 가서 장을 보거나 프레셰렌 광장 근처에 있는 생선 가게에 가서 해산물 파스타 재료를 사오기도 했다. 된장과 고추장, 김치 정도만 잘 챙겨온다면 슬로베니아에서는 몇 달간 음식 때문에 스트레스 받을 일이 없다. 값싸고 질 좋은 식자재가 풍성하기 때문이다. 치즈 농가에서 사온 잘 숙성된 치즈와 와이너리에서 사온 적포도주 몇 잔을 곁들인 저녁은 늘 최고의 기분을 선사했다.

슬로베니아의 대표적인 술은 라키아rakya라고 하는 한국의 소주 같은 술로 배나 감 같은 과일을 발효시켜 만든다. 알코올 도수가 무려 40도다. 나는 이곳의 우니온Union맥주를 좋아했다. 술맛이 좋아 연신 마시다 술에 취하면 덜컥 모국어가 그리워졌는데, 사고의 도구가 모자라는 느낌이었다. 그럴 때면 한국에서는 잘 듣지도 않는 최신가요를 찾아 틀어놓거나 한국 시인의 시집을 들춰보는 것으로 그리움과 생각의 결핍을 메우곤 했다.

Dear
Slovenia

가장 오래된 도시,
프투이

∽ 프투이 전경

한국에서 나는 나름 열심히 잘 살고 있는 것 같았다. 강의하고 글을 쓰고 가끔 동료들과 어울려 사회 돌아가는 얘길 나누며 흥분했고, 내일의 끼니를 걱정하느라 밤잠을 설치지는 않았으니까. 하지만 그것은 표면적인 것에 불과했다. 이렇게 살아도 될까 하는 의구심과 불안이 때때로 나를 짓눌렀고 왕성했던 호기심과 꽃 한 송이가 풍기는 향기에도 즐거워하던 감각을 잃어가고 있었다. 반복되는 일상이 주는 안정감에 진정으로 감탄하지 못했다. 방황이라 할지라도 무작정 떠나 이곳이 아닌 다른 곳에서 삶의 생기를, 삶의 유한성을 즐기고 싶었다. 그리고 결국 마음속에서 꿈틀거리다 소용돌이치기 시작한 섬세한 빛줄기가 나를 변방으로 이국으로, 그 막연하고 다른 현실로 이끈 듯하다.

프투이Ptuj, 슬로베니아에서 가장 오래된 도시. 기원전에 세워진 성이 있는 곳. 내가 슬로베니아에 와서 류블랴나를 벗어나 우연히 가게 된 첫 여행지. 나는 흘러가는 대로 이끌려 가는 편이고, 처음과 끝, 우연과 필연, 육체와 영혼 같은 반대말을 종종 동의어로 감지하곤 한다.

이천여 년 전에 세워진 프투이는 정적의 숨결마저 느껴지는 곳이다. 한적한 포도밭 오솔길을 따라 오랫동안 걸으면 그 길 끝에 와인을 만드는 아담한 농가가 나온다. 프투이의 예루잘렘 오르모시Jeruzalem Ormož 에서 류토메르Ljutomer로 이어지는 18킬로미터의 길은 '포도주 길'이라고 불리는데, 그 길을 따라 와인을 곁들여 파는 레스토랑과 와인 저장고들이 있다. 작은 레스토랑에서 오레호비 스트루쿨리Orehovi Struklji라는 견과가 잔뜩 든 전통적인 롤케이크에 와인을 마셨을 때는 혼자인데도 누군가 내 손을 잡고 따뜻하

∽ 매년 2월 프투이 탈 축제에서 쓰이는 가면들.

∽ 프투이의 탈 축제.

게 녹여주는 느낌이 들었다. 이 고장에서 생산되는 화이트 와인이라면 기꺼이 취하고 싶었다. 프투이에는 포도밭 외에도 밀밭과 올리브 과수원들이 산재해 있다.

프투이 고성에서 노을을 싣고 유유히 흐르는 드라바 강과 구도심을 바라보았다. 안내원으로 보이는 사람이 다가와 성 안의 박물관이 곧 닫을 시각이라며 둘러보려면 서두르라고 했다. 나는 그냥 성 자체로 충분하다며 웃어 보였다. 성 안을 좀 더 거닐다 박물관 앞의 우물과 성벽 가까이의 포도나무를 살펴보았다. 아까 그 안내원이 다가와 그 포도나무가 심긴 지 수백 년 되었지만 아직도 해마다 초가을이 되면 포도가 열린다고 이야기해줬다. 다섯 시도 되지 않은 시간이었는데 사방이 컴컴해졌다.

이곳 프투이에서는 매년 2월에 '쿠렌토바니에Kurentovanje 축제'라는, 탈mask 축제가 열린다. 오십여 년 전부터 마을 사람들이 입춘제처럼 즐겨왔던 풍습인데, 나무 막대기에 방울을 달아 흔들며 가가호호 돌아다니며 일종의 악령이나 추위를 쫓아내 봄을 부르고 한 해의 풍년을 기원하는 의식을 치른다고 한다. 열흘 넘게 진행되는 축제는 점점 규모가 커져서 이제는 세계 각지에서 전통의상과 탈을 가지고 모여드는 사람들의 수가 엄청나다. 조용하다 못해 적막함이 느껴지는 이 도시가 2월이 되면 떠들썩한 축제의 장이 되다니. 직접 오지 못하는 슬로베니아 사람들은 텔레비전 생중계로 축제를 즐긴다. 하지만 그렇게 풍습을 즐기는 시기의 프투이도 좋겠지만, 적막한 고성 벽에 기대어 태고의 새가 자신의 내면에서 푸드득거리는 소리에 귀 기울이는 시간은 더없이 향기롭다.

Dear
Slovenia

포스토이나 동굴보다 슈코찬 동굴

영어 강의 준비가 은근히 스트레스여서 머리도 식힐 겸 책장을 정리하다 비스와바 쉼보르스카Wislawa Szymborska의 시집 《끝과 시작》을 꺼냈다. 쉼보르스카는 1996년 노벨문학상을 받은 폴란드 태생의 시인이다. 《끝과 시작》에서 〈선택의 가능성〉 부분을 펼쳐 읽었다. 예전엔 좋아했으나 다시 읽으니 그때 내가 왜 이 작품을 좋아했는지 모르겠다는 생각이 들었다. 나는 이제 호불호가 무뎌졌다. 가르고 나누고 따지는 게 피곤하다. 나는 영화도 좋아하지만 연극과 뮤지컬도 좋아하고 거리 공연, 텔레비전 드라마도 좋아한다. 다만 드라마는 텔레비전이 없어서 못 볼 뿐이다. 개도 고양이도 좋아하는 나로서는 내 취향을 시로 쓸 일은 없을 것 같다.

책을 덮으려는데 강병융 작가한테서 전화가 왔다.

"누나! 오늘 뭐 해요? 날씨도 좋은데 바람 쐬러 가실래요?" 그는 어디든 가보고 싶은 데를 말하면 드라이브 삼아 갈 수 있다고 했지만, 나는 '아무 데나'라고 답했다. 그런 대답이 듣는 이를 가장 곤혹스럽게 할 수도 있는데. 병융은 포스토이나 동굴이 좋겠다고 했다. 우리는 류블랴나에서 남서쪽으로 60킬로미터 정도 달려 동굴에 도착했다. 병융은 여러 번 들어가 봤다며 나 혼자 구경하고 나오라고 했다. 동굴 길이는 24킬로미터 정도 되는데 23킬로미터 지점까지는 전기로 움직이는 꼬마기차로 들어가 '그레이트 마운틴'이라 불리는 지점에서 내려 나머지 1킬로미터 정도만 가이드의 설명을 들으며 산책하듯 걷는 식이다. 15만 년 된 브릴리언트 석순, 스파게티 모양의 종유석 등 카르스트 지형이 만든 환상적인 동굴은 관광객들이 편하게 관람할 수 있도록 조성되어 있었고 동굴 내부에 미술관, 터널과 콘서트홀도 있었다. 그 콘서트홀에서는 가끔 연주회가 열리는데, 가이드의 설명에 따르면 1만

명 정도의 인원이 수용 가능하고 천장 높이가 약 40미터라서 자연적으로 생기는 에코 현상으로 연주를 위한 특별한 음향장치가 필요 없다고 한다. 동굴 내부에는 특수한 환경이 만들어낸 다양한 색과 형태의 생명체가 150종가량 산다. 동굴에 서식하는 생물 중 가장 유명한 것은 프로테우스라고 불리는 종으로, '인간 물고기 Human Fish'라고도 부른다. 이 세상에 이곳에서만 유일하게 생존하는 생물, 나는 그 희고 물컹물컹해 보이는 물고기가 투명한 수족관 안에 가만히 엎드려 있는 모습을 유심히 들여다보았다. 심해어처럼 그놈에게도 눈이 없었다. 완벽한 어둠 속에서 눈은 필요 없으니 퇴화했을 것이다. 그놈은 동굴 내 미세생물을 먹으며 백 년 정도를 산다고 한다.

한 시간 반가량 소요되는 동굴 여행을 하고 나오니 한국인 단체 관광객들이 입장하려고 줄 서 있었다. 병융은 이 근처에 여기보다 더 근사한 곳이 있다며 잠시 들렀다가 돌아가자고 했다. 슬로베니아에서 자신이 가장 좋아하는 장소라는 말을 덧붙이며.

프레드야마 성Predjamski grad은 포스토이나 동굴에서 차로 십 분 거리에 있다. 120여 미터 낭떠러지 위에 세워진 하얀 성은 눈으로 보고도 믿을 수 없을 만큼 비현실적이었다. 프레드야마 성은 중세시대, 그러니까 칠백여 년 전에 에라젬 프레디암스키Erazem Pred-

∽ 절벽 위에 세워진 프레드야마 성.

∽ 포스토이나 동굴 입구.

∽ 슈코찬 동굴 입구.

∽ 슈코찬 동굴의 협곡.

jamski라는 기사의 요새로 세워졌다고 한다. 전설같이 전해 내려오는 이야기에 따르면 에라젬은 농노들을 위해 영주들과 싸웠던 위대한 기사라고 한다. 그런데 내가 아는 한 역사학 교수에게 물어보니 그는 웃으며 그것은 사실이 아니라고 답했다. 사람들은 영웅담을 선호한다면서. 성의 내부는 건축 당시의 구조를 그대로 유지하고 있는데, 여러 개의 방에 대한 설명을 한국어 오디오가이드로 들을 수 있다. 성의 내부로 깊숙이 들어가면 포스토이나 동굴과 연결된다고 하는데 그 길은 개방하고 있지 않았다.

슬로베니아에서 가장 유명한 동굴은 포스토이나 동굴이지만 나는 여기서 또다른 동굴 이야기를 하고 싶다. 포스토이나보다 내가 더 좋아하는 동굴에 관한 짤막한 이야기를. 이 글의 시작에서 나는 요즘 호불호가 무뎌졌다고 했지만, 아직 완전히 무뎌진 건 아닌가보다. 내 의견을 수정할 수 있는 내가 좋다고나 할까. 쉼보르스카가 '도스토옙스키보다 디킨스를 더 좋아하고 잎이 없는 꽃보다 꽃이 없는 잎을 더 좋아하며 품종이 우수한 개보다 길들이지 않은 개를 더 좋아한다'고 말한 것처럼, 나는 포스토이나 동굴보다 슈코찬Škocjan 동굴을 더 좋아한다.

슈코찬 동굴은 류블랴나에서 포스토이나 동굴보다 조금 더 먼 곳, 남서쪽으로 70킬로미터 거리에 위치한 동굴로 포스토이나 동굴보다 덜 알려졌고 덜 관광지화되어 있다. 강병융 작가도 가보지 않았고 슬로베니아 학생들도 잘 모르는 걸 보면 아직은 잘 알려진 곳이 아닌 게 확실하다. 이 동굴도 포스토이나 동굴처럼 카르스트 지형으로 1986년에 유네스코 세계 유산에 등록되었다.

나는 한겨울 이른 아침에 이드리야Idrija라는 작은 도시를 찾아가보려 했다. 이드리야는 류블랴나 남서쪽에 위치한 마을로 수은 광산으로 유명한 곳이다. 그런데 나는 그 규모가 세계에서 두 번째로 크다고 하는 수은광산이 아니라 그곳에서 생산되는 레이스를 구경하고 싶었다. 류블랴나 기념품 가게에서 이드리야 레이스를 본 적 있는데 그 섬세하고 탄탄하며 예쁜 레이스의 유래가 이드리야 탄광촌의 가난한 여인들의 생계 수단으로부터 시작되었다는 말을 들었다. 내가 레이스 가격이 비싸다고 투덜거리자 가게 주인이 말했다. "이드리야에서 직접 손으로 짜는 걸 보고 사더라도 큰 가격 차이는 없어요. 그런데 굳이 레이스 때문이 아니어도 이드리야는 한번쯤 가볼 만한 곳이랍니다. 가보면 그 아름다운 마을이 예전에, 그러니까 15세기부터 1997년까지 탄광촌이었다는 사실을 믿지 못할 거예요."

아! 지금 쓰고 있는 글이 산으로, 동굴로, 샛길로 간다. 슬로베니아에서 알려주고 싶은 장소가 많아서 이렇게 갈림길에서 헤매는 것 같다. 아무튼 나는 그날 이드리야를 가지 않고 슈코찬 동굴에 갔다. 개장 시간이 오전 열 시인데 도착한 시간이 아홉 시 이십 분이어서 나는 매표소 옆 카페 마흐니츠Mahnic에서 커피 한잔을 마시며 시간을 보내기로 했다. 그날 동굴 앞에서 마주친 관광객은 젊은 미국인 부부뿐이었다. 꼬마기차도 없어 동굴 입구로 걸어 들어가니 낙석과 퇴적물로 입구 부근이 어수선했다. 은근히 실망스러웠지만 파라다이스의 풍경이라 불리는 유석과 석순, 종유석을 보며 한 발 한 발 안으로 들어갈수록 나는 나도 모르게 조금씩 동굴의 일부가 되어갔다. 내 안의 막막한 내면의 지하세계로 깊숙이 들어가는 것 같았다. 붉고 축축한 나의 내부, 적요하고 캄캄한. 아름답다기보다 괴기스러울 정도로 자연스러운 종유석, 석순, 유석, 석주들을 보며 나의 내부도 이렇지 않을까 생각했다.

예쁘고 쾌활한 동굴 가이드가 가끔 플래시를 켜서 신화적인 동물 형상 같은 걸 비춰줬다. 내가 일순간 걸음을 멈추고 탄성을 지른 곳은 지하 협곡 앞이었다. 강물이 흘러가는 깊은 계곡이 갑자기 나타났고 양쪽으로 거대한 바위 능선이 보였다. 나는 마치 지리산 뱀사골을 등산하고 있는 듯한 기시감을 느꼈는데, 미국에서 온 여자는 그랜드캐니언 같다고 말했다. 전혀 기대하지 않았던 장관이었다. 느닷없이 동굴 안에 있던 모든 전등이 꺼졌다. 내가 경험한 최초의 완전한 암흑 속에서 폭포에서 떨어지는 물소리와 잔물결 소리, 동굴이 가만히 숨 쉬는 소리가 들렸다. 장엄하면서도 비장하고 애달픈 느낌이랄까? 창세기 이전이 이러했을까? 잠시 후 가이드가 동굴 벽에 붙어 있는 스위치를 켰다. 그녀는 세 명의 관광객을 위해 몇 초간의 이벤트를 벌인 것이었다. 우리는 지하 계곡 아래로 떨어지지 않게 조심하라고 서로에게 말하며 다시 걷기 시작했다. 조촐하고 자유로운 느낌이 좋았다. 나는 나무줄기 같은 석순을 보며 가이드에게 말했다. "이건 곧 종유석과 만나 석주가 되겠네요. 내 새끼손가락 하나 정도 틈이 남았으니." "맞아요. 석순과 종유석이 금방 만나 하나가 되겠군요. 아마 천 년이면 충분할 거예요." "십 년도 아니고 천 년이요?" "예. 십 년 동안 0.1밀리미터씩 자라니까요. 우주의 나이에 비하면 천 년도 짧은 거죠." 모두 웃었다, 동굴 안에서. 너무 크게 웃으면 동굴 안의 생물들뿐 아니라 석주와 석순도 놀라니 살살 웃자고 했다. 내 내면의 불안과 어둠이 나쁜 것만은 아니었다. 그 암흑이 빚은 시간 속에는 빛 속에서 볼 수 없는 놀랍도록 아름답고 무궁무진한 세계가 있으니까. 무엇보다 동굴 속처럼 어둡고 고독한 시간의 동력이 나를 성장시킬 것이다.

선택의 가능성*

비스와바 쉼보르스카

영화를 더 좋아한다.
고양이를 더 좋아한다.
바르타 강가의 떡갈나무들을 더 좋아한다.
도스토옙스키보다 디킨스를 더 좋아한다.
인류를 좋아하는 자신보다
인간다움 그 자체를 사랑하는 나 자신을 더 좋아한다.
실이 꿰어진 바늘을 갖는 것을 더 좋아한다.
초록색을 더 좋아한다.
모든 잘못은 이성이나 논리에 있다고
단언하지 않는 편을 더 좋아한다.
예외적인 것들을 더 좋아한다.
집을 일찍 나서는 것을 더 좋아한다.
의사들과 병이 아닌 일에 관해서 이야기 나누는 것을 더 좋아한다.

* 비스와바 쉼보르스카, 《끝과 시작》, 최성은 역, 민음사(2007).

줄무늬의 오래된 도안을 더 좋아한다.
시를 안 쓰고 웃음거리가 되는 것보다
시를 써서 웃음거리가 되는 편을 더 좋아한다.
명확하지 않은 기념일에 집착하는 것보다
하루하루를 기념일처럼 소중히 챙기는 것을 더 좋아한다.
나에게 아무것도 섣불리 약속하지 않는
도덕군자들을 더 좋아한다.
지나치게 쉽게 믿는 것보다 영리한 선량함을 더 좋아한다.
민중들의 영토를 더 좋아한다.
정복하는 나라보다 정복당한 나라를 더 좋아한다.
만일에 대비하여 뭔가를 비축해놓는 것을 더 좋아한다.
정리된 지옥보다 혼돈의 지옥을 더 좋아한다.
신문의 제 1면보다 그림 형제의 동화를 더 좋아한다.
잎이 없는 꽃보다 꽃이 없는 잎을 더 좋아한다.
품종이 우수한 개보다 길들이지 않은 똥개를 더 좋아한다.
내 눈이 짙은 색이므로 밝은색 눈동자를 더 좋아한다.
책상 서랍들을 더 좋아한다.
여기에 열거하지 않은 많은 것들을
마찬가지로 여기에 열거하지 않은 다른 많은 것들보다 더 좋아한다.
숫자의 대열에 합류하지 않은
자유로운 영(0)을 더 좋아한다.

기나긴 별들의 시간보다 하루살이 풀벌레들의 시간을 더 좋아한다.

불운을 떨치기 위해 나무를 두드리는 것을 더 좋아한다.

얼마가 남았는지, 언제인지 물어보지 않는 것을 더 좋아한다.

존재, 그 자체가 당위성을 지니고 있다는

일말의 가능성에 주목하는 것을 더 좋아한다.

리피차

리피차에서
리피자네르를 타다

슈코찬 동굴에서 10킬로미터쯤 떨어진 곳에, 그러니까 류블랴나에서 남서쪽으로 80킬로미터 떨어진 곳에 '리피차Lipica'라는 전원 마을이 있다. 이탈리아 국경 근처인 이곳은 카르스트 지형으로 분류되는데, 슈코찬 동굴과 더불어 리피차는 이 지역의 주요 관광지 중 한 곳이다.

리피차는 슬로베니아 전통의 백마인 리피잔Lipizzan의 마을로 유명하다. 리피잔 혹은 리피자네르Lipizzaner라고 불리는 이 말은 세계적인 명마이다. 1580년에 오스트리아의 대공 카를이 이곳에 종마 사육장을 세웠다고 한다.

나는 리피차에 있는 리피자네르 종마 사육장에 들러 그 농장에 관해 잠시 설명을 들을 기회가 있었다. 뺨이 발그스레하고 통통한 체구의 중년 여성이 가이드 역할을 하고 있었다. 그녀는 규모가 아주 크고 깨끗한 농장을 나와 함께 걸으며 말을 훈련시키는 모습과 말 사육장을 보여주었다. 그녀는 2008년에는 영국의 엘리자베스 여왕이 이곳을 방문했다고 자부심 어린 말투로 내게 설명해주었다. 내가 어린 말의 잔등을 쓰다듬으며 "이 말은 빛깔이 회색빛이 도는 걸 보니 리피자네르 종이 아닌가 봐요"라고 말하니 그녀는 "아뇨, 어릴 적에는 검은 빛이 들어간 듯 보이지만 점점 성장할수록 순연한 흰빛의 백마가 되는 거랍니다"라고 알려주었다.

그녀는 내게 선물을 주겠다고 했다. 멀리서 왔으니 받아달라고 하며. 나는 그녀의 선물을 궁금해하며 말 박물관 문 앞에서 그녀를 기다렸다. "자! 선물이에요. 어서 올라타세요." 그녀가 마련한 작은 이벤트였다. 나는 말에게로 다가가 강인한 다리와 등을 만져보고 긴 속눈썹과 순한 눈빛을 응시했다. "타도 괜찮니?" 마부가 나를 보며 웃었다. 나는 말들이 뛰어다니는 넓은 목초지까지 두

필의 리피자네르가 끄는 마차를 타고 달려보았다.

종마 사육장 내엔 호텔과 식당, 레저 시설물, 박물관과 결혼식을 올릴 수 있는 교회당, 골프클럽 등이 있었다. 부지가 넓기 때문에 승마뿐 아니라 매년 봄에는 오리엔티어링 대회가 열린다고 했다. 오리엔티어링은 나침반과 지도만 가지고 정해진 목적지를 걸어서 찾아가는 일종의 스포츠다. 승마와 다양한 레저에 눈 돌릴 여유가 있다면 리피차에 한번 들러봐도 좋을 듯하다.

Dear
Slovenia

지중해의 빛을 향해 나아가기
-코페르, 이졸라 그리고 피란

피란의 타르티니 광장

슬로베니아에서 가장 각별한 장소가 어디냐고 묻는다면 나는 피란이라고 답하겠다. 그곳이 왜 각별하냐고 다시 묻는다면 지중해의 햇볕 아래 해안을 걷다가 조금 울었던 것 같아서, 라고 말할 것이다. 조금은 부끄러운 대답이지만. 나는 단지 열쇠구멍을 통해 가없는 부두를 바라본 건 아닌지. 피란 바닷가 카페 의자에 깊숙이 앉아 갈매기가 저녁노을 속으로 날아가고 희미한 등불이 켜질 때 의식을 잃을 만큼 피로가 몰려왔던 순간을 기억한다.

피란에는 가을에 한 번, 겨울에 한 번 다녀왔다. 류블랴나 버스 터미널에서 버스를 타고 두 시간 반쯤 달려가면 피란에 도착한다. 운전을 해서 아드리아 해의 해안 마을인 코페르Koper와 이졸라Izola, 피란을 둘러본다면 온몸 깊숙이 새롭게 넘실거리는 생의 파도를 즐길 수 있을 것이다. 그것이 물결치는 기쁨이든 꺼억꺼억 자신을 삼킬 것 같은 고난이든. 나는 가을에는 혼자, 겨울에는 친구 다섯과 함께 야자수가 가로수인 이국의 도시 피란에 갔다. 여기서는 처음 갔던 가을날의 기억을 되살려 짧게 적어보려고 한다.

11월 초였고 날씨는 맑았다. 류블랴나에서 곧장 피란으로 갈 수 있지만, 가는 길에 있는 항구도시 코페르와 이졸라에 잠시 들르기로 했다. 이른 아침 코페르에 도착한 나는 구시가 골목에 있는 아담한 카페에서 모닝커피로 카푸치노를 마셨다. 카페 주인인 노부부는 그 거리가 옛날엔 수제화 거리였는데 이제는 손수 구두를 만들던 이들이 거의 죽거나 떠났다고 했다. 나는 걸어서 성당이 있는 광장까지 올라갔다. 광장엔 오래된 우물과 코페르 대학교 건물이 있었다. 나는 조금 열린 덧문으로 한 소녀가 책을 읽는 모습을 물끄러미 바라보았다. 광장에서 조금 더 걸어가니 항구가 보였다. 나무 합판을 잔뜩 실은 컨테이너 선박들이 떠 있었는데 저 멀리 보이는 곳이 이탈리아였다. 아이들이 축구를 하며 노는 해안도로를 지나 16세기경에 지은 건물들이 즐비한 구시가 좁은 골목으로 내려오는데, 느닷없이 비가 오나 싶었다. 올려다보니 한 노인이 화분에 물을 주고 있었다.

코페르에서 차로 십 분쯤 가면 이졸라라는 작은 해안 마을이 나온다. 이졸라라는 예쁜 이름은 '섬'이란 뜻이다. 나는 마을 안으로 들어가볼까 하다가 시간도 사랑처럼 멈출 수 없으므로 그냥 그 마을을 스쳐갔다. 그날은 저녁까지 집에 돌아가야 했으므로 다음을 기약하기로 했다. 그러나 결국 지금까지 이졸라에는 가보지 못했다. 가지 못해서 그리운 곳이다.

코페르가 이탈리아적이며 남성적인 느낌의 항구도시였던 반면 피란은 양성적이랄까? 조금 더 묘하고 비밀스러운 맛을 지닌 도시였다. 내게 비밀스럽다는 건 부자연스럽거나 은밀한 게 아니라 뭘 강요하지 않는다는 의미다. 우리말 '피난'을 떠올리게 하는 피란은 그리스어 'pyr'에서 유래했고, '불'을 의미한다. 나는 언덕에서 있는 사이프러스 나무를 바라보다가 그 길을 따라 공동묘지로 들어가보았다. 묘지에는 슬로베니아인들의 이름이 이탈리아식으로 개명된 묘비가 더러 있었는데, 아마 13~18세기 이탈리아 치하에 있던 당시에 개명한 사람들의 묘지인 듯했다. 한국에서도 일제

∽ 코페르의 골목길.

∽ 피란의 골목길.

피란 전경.

강점기에 창씨개명을 했던 것처럼. 나는 묘지 옆의 벤치에서 점심으로 싸간 샌드위치를 먹으며 사이프러스를 사랑한 반 고흐를 생각했다.

다시 언덕길을 걸어 성 유리아성당 근처의 높은 곳에서 먼 바다와 집들과 광장을 바라보았다. 붉은색 지붕과 푸른 바다의 어울림을 한참이나 감상하다가 광장을 향해 난 길을 내려갔다. 해안 근처 베네치아풍의 작은 집에서 나이 든 남자가 정원의 올리브 나무와 레몬 나무 등을 손질하고 있는 걸 보고 웃어 보이자 그는 내게 레몬 몇 알을 따서 건네주었다. 바닷가에는 인기척이 거의 없었고 많은 어선과 요트가 정박해 있었다. 나는 그 근처 발코니가 있는 호텔을 올려다보며 언젠가는 저 방에서 며칠 머물 거라고 혼잣말을 했다.

조용한 피란에서 사람이 가장 많이 모이는 곳은 광장이었다. 피란 태생의 유명한 작곡가이자 바이올리니스트인 주세페 타르티니Giuseppe Tartini(1692~1770)의 이름을 따서 만들어진 타르티니 광장Tartinijer trg에서 나는 아드리아 해안과 연결된 바다와 바로크풍 베네치아풍의 절묘한 건물들을 놀란 눈으로 다시 둘러보았다. 내 운동화가 저절로 다시 언덕을 올라가 해발 289미터의 바레토베츠 프리 파드니Baretovec pri padni에 도착해 있었다. 그곳은 피란에서 가장 높은 지대로, 독특한 매력으로 사람을 잡아끄는 피란이 훤히 내려다보였다.

피란은 중세와 르네상스 시대에 부와 권력을 지닌 도시였다. 이탈리아와 크로아티아 같은 지중해 국가들에서 들어오는 선박들이 모이는 항구와 지중해에 인접한 알프스 지역이 만나 중부 유럽의 풍부하고도 변화무쌍한 역사가 이 생생한 도시에 담기게 되었다. 남유럽, 동유럽과 북유럽을 지리적으로 연결함으로써 그 지역들의 문화가 뒤섞인 매혹적인 도시라고 규정하면 너무 거창할까?

계획했던 것보다 긴 시간을 피란에서 보내는 바람에 나는 이른 저녁을 먹고 그곳을 떠나기로 했다. 타르티니 광장에서 구시가로 조금 걸어 들어가면 나타나는 두 개의 우물이 있는 작은 광장, '첫 오월'이란 뜻의 프르비 마이Prvi maj 광장 옆에 있는 '델핀Delfin'이라는 해산물 레스토랑에서 삶은 홍합과 정어리 구이를 먹었다. 몇 세기 전에는 창밖으로 보이는 우물에서 마을 여자들이 모여 빨래도 하고 물도 길러 갔을 것이다. 포도나무 넝쿨이 휘감은 오래된 베네치아풍 벽돌과 바람에 말라가는 색색의 빨래들을 바라보며 나는 한국의 내 고향 할머니 댁이 그리워졌다.

내가 먹은 그릇을 치우던 여자가 말했다. "근처 염전에는 가봤어요?" "아니요. 거기 가볼 만해요? 여기서 멀어요?" "굉장한 곳이니까 꼭 한번 가보세요." 난 씩 웃었다. 그녀는 음식을 내어오면

ꩰ 14세기부터 이어온 전통 방식으로 소금을 채취하는 세초울리에 자연 염전.

서도 '이 생선은 평생 어부로 살아온 내 남편이 오늘 새벽에 잡아온 것'이라는 등 내게 말 붙이기를 좋아했다.

여자의 말에 가본 가을 저녁의 염전은 무척 쓸쓸했다. 입장권을 사려 했지만 매표소 직원은 표 파는 시간이 거의 끝났으니 산책 삼아 얼른 둘러보라고 하며 돈을 받지 않고 리플릿을 건넸다. '이 염전은 세초울리에Secovlje 자연 염전입니다. 람사조약으로 보호받고 있으며, 14세기부터 이어온 전통 방식으로 소금을 채취하고 있습니다.' 리플릿에 적힌 설명이다. 그 아래엔 염전에서 사는 희귀한 염생식물들의 사진과 2백여 종의 동식물 사진이 선명하게 인쇄되어 있었다. 나는 건성으로 훑어보고는 긴 방죽 같은 염전 산책로를 걸었다. 소금을 생산하는 시기가 아니고 바람도 거세서인지 인적이 없었다. 길 끝에 있는 박물관을 둘러본 후 카페에서 차를 마시려고 했지만 문이 닫혀 있었다. 기념품 가게에서 소금을 사려고 했는데 예상보다 가격이 비쌌다. '페톨라'라고 하는 생물 침전물을 사용하는 세계 유일의 건강 소금이라 비싸다고 했다. 나는 소금 자루를 만지작거리다가 옆에 있는 소금 초콜릿을 샀다. 소금 초콜릿은 짭조름하고 쌉싸름하며 달콤했다. 나에게 그곳에서 보낸 하루는 그처럼 특별한 맛이었던 것 같다.

크르바베츠 스키장

스키 안 타면 바보

슬로베니아 사람들은 말한다. 슬로베니아에 와서 등산, 온천, 수영, 자전거와 스키를 즐기지 않으면 바보라고. 이런 스포츠 활동들이 슬로베니아인들에게는 일상화되어 있다. 겉보기에는 과묵하고 무뚝뚝해 보이는 노인들도 알고 나면 다정다감하고 건강한 이유가 이들의 활동적인 생활 습관과 관계가 깊은 듯하다. 슬로베니아인의 장수율이 높은 까닭이기도 하고. 산이 많으니 등산이나 하이킹은 일상이고 온천도 군데군데 있다. 피란과 코페르 같은 아드리아 해 연안 도시는 해수욕을 하기에 적합하다. 자전거길이 잘 닦여 있으며 시에서 운영하는 자전거 대여도 어렵지 않다.

1월 중순의 금요일이었다. 안드레이 교수가 여럿이 식사하는 자리에서 토요일에 스키를 타러 가자고 제안했다. 나는 스키와 스키복도 없을뿐더러 스키장 이용료도 부담스러워 가기 어렵겠다고 말했더니 그가 웃었다. 한국에서는 스키를 즐기려면 돈이 많이 필요한지 모르지만 이곳에서는 그렇지 않다며, 방수가 되는 따듯한 점퍼만 입으면 되고 스키바지는 비옷 소재의 바지를 빌려주겠다고 했다. 하긴 이곳 사람들은 등산할 때도 등산복과 등산화로 멋을 낸 사람들이 거의 없다. 내가 등산화를 구입하러 등산용품점에 갔을 때, 가게 주인은 내게 어느 산에 갈 거냐고 묻더니 "그 정도 높이의 산이라면 당신이 신은 그 운동화로도 충분하니 살 필요 없어요"라고 친절히 말해주었다.

스키장 크르바베츠Krvavec는 집에서 차로 삼십 분 거리였는데, 그 규모는 슬로베니아에 있는 다른 스키장들과 비교할 때 보통 수준이라고 했다. 스키를 타러 온 사람들이 많았지만 장비 렌탈은 쉬웠고 비용도 저렴했다. 리프트를 탈 때도 긴 줄을 서지 않았다. 모든 게 자연스럽고 순조로웠다. 사람들이 산책하듯 스키장에 오는 느낌이었다. 알프스 산자락이 마을 뒷산이니 이들에게 스키는 생활을 위한 이동 수단인 신발과 크게 다르지 않을 것이다. 이제 막 걷기 시작한 어린아이에게 스키를 가르치는 젊은 아빠도 있었다. 초등학교에서는 의무적으로 일주일간 스키캠프를 운영한다고 한다. 그래서인지 스키 슬로프가 대부분 아주 높고 가팔랐다. 나는 멋도 모르고 중급 수준의 높이까지 리프트를 타고 올라갔는데 도저히 내려올 자신이 없어 무척 난감했다. 한국의 슬로프를 상상하는 게 아니었다. 나 자신이 아니면 누구도 슬로프를 내려오는 걸 도와줄 수 없었다. 산 정상 가까이서 얼어 죽을 수는 없어 느린 속도로 슬로프를 내려오는데, 짙은 안개로 아득하여 달무리 속을 날아가는 기분이었다.

슬로베니아에는 스키장이 많다. 이탈리아와 오스트리아 국경 근처의, 슬로베니아 율리안 알프스에 둘러싸인 플라니차Planica 스키장은 유럽에서 두 번째로 긴 스키점프대가 있는 곳으로, 해마다 유러피안 스키 경기가 열리고 각종 스키 프로그램들과 눈 축제 등 이벤트가 진행된다.

Dear
Slovenia

슬로베니아의 눈동자 블레드,
신이 숨겨놓은 땅 보힌

블레드Bled 호수는 슬로베니아의 눈동자다. 가장 먼 곳에 대한 사랑을 품은 그윽한 눈동자. 마음이 남루한 잿빛일 때, 진열장 보석처럼 빛날 때, 보기 드문 좋은 사람을 우연히 만났을 때 나는 블레드 호수에 갔다. 혼자 혹은 여럿이서 여러 번 그 호수에 갔지만, 갈 때마다 시를 읽는 경험처럼 새로운 면을 보여주는 곳이었다.

§ 블레드 호수

류블랴나 중앙 버스터미널에서 버스를 타면 한 시간 이십 분 만에 블레드에 갈 수 있다. 나는 터미널 티켓 창구에서 7.7유로에 버스표를 샀는데, 버스 탑승시 기사한테 직접 티켓을 사면 6.3유로로 조금 더 싸다는 걸 나중에 알았다.

블레드 호수에 처음 갔을 때 나는 웅장한 율리안 알프스에 둘러싸인 맑은 호수의 아름다움에 넋이 빠져 물가에 앉아 무릎을 안고 한 시간쯤 움직이지 않았다. 두 번째로 블레드에 갔을 때는 호숫가 숲에서 소그룹의 연주회가 열리고 있었다. 누구든지 마음 가는 대로 듣고 박수치고 또 언제든 자리를 떠날 수 있었으며 와인도 십여 종 준비되어 있었다. 행사 주최 측에 5유로를 지불하면 와인 잔을 주는데, 그 잔을 들고 다니며 몇 군데의 와인 부스에서 마음껏 술과 스낵을 먹는 식이었다. 나는 그날 블레드 성에 잠시 들렀다가 그 음악회에서 시간을 다 보냈다.

세 번째로 갔던 날, 나는 자그레브에서 온 한 크로아티아 작가와 우연히 만나 호수 근처를 걸었다. 그녀는 작년 여름에도 이곳에 와서 일광욕과 수영을 즐겼다고 했다. 우리는 구 유고슬라비아의 덕망 높은 대통령 티토Josip Broz Tito(1892~1980)의 별장 근처 카페에서 커피를 마시며 케이크를 먹었다. 블레드 호수에 가면 꼭 먹어봐야 한다는 크렘나 레지나kremna rezina 크림 케이크를.

마지막으로 호수에 간 날은 한국으로 귀국하기 며칠 전이었다.

이번에는 평소처럼 시외버스를 타고 간 게 아니라 서울에서 출발해 전 세계를 돌고 있던 녹색 마을버스를 타고였다. 마을버스 운전자인 임택 씨, 그의 여행 동반자 장인수 씨, 성신욱 대표, 홀로 여행 중이던 김학원 씨까지 모여 율리안 알프스를 넘어 솔리체 마을에서 점심식사를 하고 보힌Bohinj 호수에 들러 쉬다가 블레드 호수까지 가는 여정이었다. 오전 일찍 집 앞으로 온 마을버스를 탔는데, 블레드에 도착하니 사방이 어두운 늦은 저녁이었다. 호수는 잠든 눈동자처럼 어둠에 덮여 있었다. 임택 씨는 수많은 나라를 여행해왔지만 '이곳이라면 살고 싶다'는 감정을 느낀 곳은 슬로베니아가 처음이라고 말했다.

구태여 내가 설명할 필요가 없을 정도로 블레드는 세계적으로 알려진 슬로베니아의 명소다. 블레드는 그 자체가 지닌 자연스러운 아름다움뿐 아니라 세계조정선수권 대회를 4차례(1966년, 1979년, 1989년, 2011년)나 개최한 곳으로도 유명하다. 슬로베니아에 관해 조금이라도 관심이 있는 사람이라면 블레드 호수의 명성을 지나칠 수 없다. 실제로 한국에서 출발하는 동유럽 패키지여행에는 슬로베니아에서 블레드와 포스토이나만 들렀다가 인근 국가로 떠나는 경우가 많다고 들었다.

블레드 호수의 둘레는 7킬로미터쯤 되는데 한 번쯤 홀로 천천히 걸어보기를 추천하고 싶다. 두 시간 반 정도면 호수를 한 바퀴

블레드 호숫가에서 여유를 즐기는 사람들.

∽ 블레드 호수의 밤.

∽ 블레드 호숫가의 작은 바.

돌 수 있다. 블레드 호수 주변에는 고급 별장과 호텔, 레스토랑과 카페가 많아 구경하는 재미도 쏠쏠하다. 호수 가운데에는 성모승천성당이 있는 블레드 섬이 있는데, 나는 멀리서 바라보기만 했을 뿐 섬에 들어가 보지는 않았다. 꽁꽁 언 얼음 위를 걸어서 섬에 들어갈 요량으로 몇 해 전처럼 기온이 뚝 떨어지기를 기다렸지만 나에게 그런 신비로운 즐거움의 기회는 오지 않았다. 블레드 섬에 들어가려면 보통 플레타나pletana라고 부르는 나룻배를 빌려 직접 노를 저어 가거나 뱃사공에게 돈을 지불하고 배를 빌려 간다. 섬에는 99개의 하얀 돌계단이 있고 그 꼭대기에 성당이 있다. 그곳에서는 종종 슬로베니아 전통 결혼식이 열리곤 한다. 또한 '소원의 종'도 있어 관람객들은 줄을 서서 차례를 기다렸다가 종을 치며 소원을 빈다고도 한다. 블레드 섬에는 사람이 살던 흔적이 남아 있으며, 성당이 건축되기 이전에는 슬라브 신화에 등장하는 사랑과 풍요의 여신인 지바Živa의 성지로 여겨졌다고 한다.

블레드를 방문한 사람이라면 시간을 내서 블레드 호수 상류에 있는 보힌 호수도 들러보길 바란다. '보힌'은 슬로베니아에서 가장 큰 호수로, '신이 숨겨놓은 땅'이라는 의미를 지니고 있다. 근사한 레스토랑도 뱃사공도 없지만 보힌 호수는 너무나 정결하고 한갓지며, 머리를 젖혀 하늘을 보면 율리안 알프스 최고봉인 트리글라우Triglav가 괜스레 자신을 지켜주는 느낌이 드는 곳이다. 호숫가에는 커다란 나무 한 그루가 외따로 서 있는데 누군가도 나처럼 그 나무 아래 가만히 앉아 바람 소리를 들었으면 좋겠다. 겨울에는 금방 해가 지고 안개가 끼는 날이 많아 길을 잃지 않도록 조심해야 한다.

보힌 호수까지는 아쉽게도 대중교통이 없다. 하지만 사정이 허락한다면 그곳에 꼭 들러보기를 추천하다. 블레드 호수와 보힌 호수 사이의 작은 도로변에는 예쁘고 자그마한 숙소들이 있다. 2천 5백여 년 전부터 사람이 사는 오래된 산속 마을에서 다소 불편하고 조금은 어색할지라도 하루쯤 쉬었다 가는 것은 어떨까? 별을 보다가 잠이 들고 다음 날 산 능선을 따라 햇살을 이고 걸어보는 것은 무엇과도 바꿀 수 없는 소중한 경험이 될 것이다. 간판도 없는 작은 식당에서 보리수프와 수제 소시지를 먹고 작은 배낭에 물병을 담고 천천히 거닐어보자. 둘이나 셋이라면 근처의 트리글라우로 트래킹을 떠나도 좋을 것이다. 주말에는 동유럽 최고의 하이킹 코스로 꼽히는 트리글라우 트래킹에 많은 사람들이 몰린다고 하니 한적한 평일을 이용하는 것이 좀더 여유롭게 산행을 즐길 수 있을 것 같다. 내게도 해발 2864미터의 정상까지 좋은 사람과 올라보는 날이 오기를.

Dear
Slovenia

∽ 가을의 보힌 호수.

Dear
Slovenia

시와 술이 완벽하게 어우러지는 곳, 메다나

∽ 메다나의 포도밭

12월 중순의 어느 수요일, 꽤나 추웠지만 모처럼 맑은 날씨였다. 나는 처음 보는 남자와 차를 타고 메다나Medana로 가는 중이었다. 그는 운전을 하고 나는 영어로 쓰인 관광 안내책자를 훑어보았다. 평소에 와인을 즐겨 마시는 나는 슬로베니아 와인을 마셔보다가 의외로 이곳 와인이 프랑스나 이탈리아 와인과 비교해도 그

풍미가 떨어지지 않는다는 것을 알고, 성신욱 씨에게 전화를 걸어 슬로베니아에서 가장 맛있는 포도주를 만드는 와이너리를 가르쳐달라고 부탁했다. 그는 '카바이Kabaj'라는 와이너리가 세계적으로 알아주는 곳이니 거기 가보라고 했다. 알고 보니 카바이 와이너리는 2015년 'Wine & Spirits Top 100 Winery of the Year'에 선정된 곳이었다. 성신욱 씨는 친절하게도 내가 길을 찾기 어려울 거라며 자신이 일하는 곳의 직원에게 자동차로 나와 동행해주기를 부탁해주었다.

나를 데리러 온 남자는 말수가 적은 편으로 소차Soča 강 물빛처럼 묘한 푸른색의 눈동자에 긴 속눈썹을 지녔고, 주머니에 손을 찌르고 약간 구부정하게 걷는 습관이 있었다. 추운 날씨여서 그랬는지도 모른다.

"오늘 시간 내주셔서 감사합니다. 이름이 뭐예요?"

"아니에요. 저도 바람을 쐴 수 있어서 좋아요. 제 이름은 그레고르 믈라카르라고 합니다. 그냥 그레고르라고 불러주세요."

"슬로베니아 사람이에요?"

"예! 리티야Litija에서 태어났어요. 리티야는 사바Sava 강 물줄기가 크게 돌아가는 강변 마을이지요."

우리가 차로 한 시간 반쯤 달려 도착한 메다나는 류블랴나에서 서쪽으로 110킬로미터 거리에 위치한 작은 도시다. 메다나 부근은 고리슈카 브르다Goriška Brda라고 불리는 지역으로, 이탈리아와의 국경에 인접해 있다. 언덕이 물결치는 풍경은 이탈리아 토스카나 구릉지대와 흡사하며, 작은 마을과 교회들이 언덕 꼭대기에 점처럼 자리잡고 있고 넓은 포도밭과 올리브 나무 그리고 과실수들이 가득한 곳이다. 군데군데 소규모 와이너리들이 있는데, 오래전부터 이어져 내려오는 집안의 특별하고 독자적인 양조 방식으로 술을 빚는다고 한다.

포도나무로 뒤덮인 언덕 아래 오솔길을 쭉 따라가니 널찍한 와이너리가 나왔다. 오크통을 쌓아 인테리어를 한 카페와 햇살이 잘 드는 식당, 게스트하우스까지 갖춘 곳이었다. 우리가 그곳 주인을 기다리고 있는데 모자를 쓴 두 사람이 와인을 사러 왔다. 그들은 이탈리아에서 저녁 식사에 마실 와인을 사러 걸어서 언덕을 넘어왔다고 했다. 내가 눈을 가늘게 뜨고 그들이 넘어왔다는 언덕을 바라보고 있는데 주인이 나왔다. 지하 와인 저장고에서 일을 하고 있었다고 했다.

나는 얼른 와인을 마셔보고 싶었다. 우리는 정원에 있는 철제의자에 모여 앉아 주인이 내오는 여러 종류의 와인을 맛보았다. 화이트 와인, 오렌지 빛이 나는 와인, 레드 와인 등 많은 종류의

∽ 메다나의 카바이 와이너리 와인 저장고.

와인을 견과와 치즈를 안주로 맛보았는데, 나는 스모키한 레드 와인의 바디감이 가장 좋아서 그것으로 두 병 샀다.

"이 와인의 브랜드가 왜 '카바이'인가요? 무슨 뜻이에요?"

"제 부모님의 성이 카바이거든요. 제 이름은 카티아이고 저는 부모님의 가업을 이어받아 와인 만드는 일을 쭉 해오다가 결혼 후에는 남편 예안과 함께 이 일에 전념하고 있어요. 1993년에 카바이라는 상호명으로 와인 판매를 시작했고요. 지금은 유럽은 물론이고 중국으로도 수출하고 있답니다."

카티아 씨는 자신이 만드는 와인에 대한 자부심이 대단해 보였다. 그녀는 좋은 토양에서 수확한 최고 품질의 포도로 만든 와인이 어떻게 보관되어 있는지 보여주겠다며 내 손을 이끌고 건물 지하로 내려갔다. 그레고르도 엉거주춤 바지 주머니에 손을 넣고 어슬렁거리며 뒤를 따라왔다. 카티아가 지하 1층과 2층의 넓은 저장고가 최적의 온도를 유지할 수 있는 비결을 열심히 설명하는 동안 나는 그녀의 이야기에 전적으로 귀를 기울일 수 없었다. 빼곡한 오크통들 사이에 눈에 띄는 회화 작품들이 놓여 있었던 것이다. 내가 그림들을 유심히 보는 걸 알아챈 카티아가 말했다.

"아! 이것들은 세계 각지에서 이곳으로 온 화가들이 와인을 모티프로 작업한 작품들이에요. 아름답죠?"

"정말요? 와이너리에서 그런 전시회를 해요?"

"그럼요. 우리는 종종 와인 시음과 와이너리 체험 행사를 열 뿐 아니라 예술가들을 초청해 와이너리에 묵으며 창작 활동을 할 수 있게 지원해준답니다."

"음, 포도주와 예술이라…… 특별히 예술에 관심을 갖게 된 계기가 있으세요?"

"모르셨어요? 메다나에서는 매년 8월 국제 시 축제 및 와인 축제가 열리는걸요."

그레고르가 자꾸 시계를 봤다. 그에게는 자주 전화가 걸려왔는데 부인에게서 오는 거라고 했다. 그는 신혼이라며 머쓱하게 웃었다. 나는 와이너리에서 언덕 위 포도밭 너머로 해가 지는 풍경을 보며 와인을 취할 때까지 마시고 하루이틀 더 머물고 싶었지만, 차마 그런 말을 꺼낼 수가 없었다.

우리는 곧장 차에 올랐다. 그가 집 앞까지 데려다주었는데—성신욱 씨가 꼭 그러라고 했다며—나는 그에게 성신욱 대표가 잘 대해주는지, 일이 힘들지는 않은지 물어보았다. 그는 자신의 직장인 해피투어 여행사의 일을 좋아하며, 대표와도 호흡이 잘 맞는다고 했다. 하지만 미래에는 자신의 전공인 생물학 관련 전문직에

종사하고 싶다는 말도 덧붙였다.

나는 집으로 돌아와 카바이에서 사온 포도주를 마시며 메다나 지역에 관해, 그리고 메다나에서 왜 매년 국제 시 축제가 열리는지 알아보려고 책들과 인터넷 자료들을 살펴보았다. 밤이 깊도록 그 까닭을 알 수 없어 잠이 오지 않았다. 그리고 새벽에야 메다나에서 태어난 슬로베니아의 대표적 시인의 이름을 찾게 되었다. 그는 알로이스 그라드니크Alojz Gradnik(1882~1967)로 20세기 초 슬로베니아 모더니즘 시의 선구적인 시인이다. 이반 찬카르Ivan Cankar(1876~1918), 오톤 주판치치Oton Župančič(1878~1949), 드라고틴 케테Dragotin Kette(1876~1899), 요시프 무른Josip Murn(1879~1901) 등과 그 경향을 같이했지만, 그의 시 세계에는 독특한 지점이 있었다.

알로이스 그라드니크의 고향인 메다나는 19세기 후반에는 오스트리아-헝가리 제국의 일부였다. 당시 메다나가 속한 고리지아Gorizia 지역은 세 가지 언어 · 문화적 그룹(슬라브, 로만, 게르만)들에 의해 서로 다른 목소리로 가득 차 있었다. 고리슈카 브르다, 즉 메다나는 이 세 그룹 모두에 속했다. 이탈리아에서 와인을 사러 국경을 넘어온 중년 부부의 모습이 보여주듯 메다나는 이탈리아와 슬로베니아 두 국가의 문화가 지금도 공존하는 오래된 도시인 것이다. 그러한 환경에서 살아간 알로이스 그라드니크의 작품은 멀티컬처Multi-Culture 혹은 인터컬처intercultural한 포지션을 지닐 수밖

∽ 와인 저장고에서 전시 중인 미술작품들.

에 없었을 것이다.

그 작은 도시 메다나에서 시를 비롯한 예술이 지금까지 융성하고 매년 국제 시 축제를 개최해오는 것은 그곳에서 살며 시를 쓴 시인 알로이스 그라드니크의 영향이 가장 큰 것으로 보인다. 또 한 명의 슬로베니아 유명 시인 루도비크 조르주트Ludvik Zorzut도 이 도시 출신이다. 시와 술이 이렇게 완벽하게 어우러지는 도시가 또 있을까?

나는 알로이스 그라드니크의 시 중에서 그의 정체성에 관한 고민이 드러나며 인터컬처한 문제가 돋보이는 작품을 번역해보고 싶었다. 그 작품은 〈Vprašanje〉, 즉 '질문'이란 제목의 시인데, 너무 많은 슬로베니아 철학자와 선인의 이름이 나오며 난해하여 도저히 옮기기가 어려웠다. 그래서 류블랴나 대학교의 안드레이 베케스 교수에게 메일을 보내 번역에 도움을 구했으나, 그는 그 시에 관해서는 슬로베니아 사람들도 독해에 곤혹스러움을 느낀다며 다른 작품을 추천해주었다.

그리하여 나는 안드레이 교수의 도움을 받아 〈밤과 밤〉 〈에로스—타나토스〉 두 편의 시를 번역했다. 알로이스 그라드니크가 메다나라는 전원 마을에 살며 그 풍광 속에서 쓴 시를 읽는 것은 직접 그곳에 가보는 것만큼의 기쁨을 주리라 믿는다. 이 두 작품은 알로이스 그라드니크의 초기작이지만 그의 대표작이기도 하다.

Nočči

Alojz Gradnik

Vse te nočči, te žžalostne nočči,
ko nimam govoriti s kom besede
in so z menoj le žžarki lune blede,
te priččakujem s trudnimi oččmi.

A ko se dela dan in šše te ni,
bi hotel,da bi bila nočč ta veččno,
ker samo v temni nočči mi nesreččno
srce je močč tolažžiti z lažžmi.

밤과 밤

알로이스 그라드니크

그 모든 밤, 그 슬픈 밤들,
이야기 나눌 사람 하나 없을 때
창백한 달의 섬광만이 나와 함께 있어줄 때
나는 그 지친 눈을 한 너를 갈망한다.

하지만 아침이 깨어나고, 네가 아직 오지 않았을 때,
나는 이 밤이 영원히 계속되길 바란다.
어두운 밤이어야만 내 불운한
마음이 거짓으로나마 편해질 수 있으니.

Eros – Tanatos

Alojz Gradnik

Pil sem te in ne izpil, Ljubezen.
Ko duhtečče vino sladkih trt
vžžil sem te, da nisem bil večč trezen
in nisem vedel, da si Smrt.

Zrl vsem v straššne teme tvojih brezen:
in ker bil pogled je moj zastrt
od bridkosti, nisem vedel, Smrt,
da si najskrivnostnejšša Ljubezen.

에로스 - 타나토스

알로이스 그라드니크

나는 너를 들이켰다, 하지만 마지막 한 방울, 사랑은 마시지 않았다.
달콤한 포도로 만든 향기로운 와인처럼
나는 너를 즐겼다, 더 이상 취하지 않을 정도까지
그리고 나는 네가 죽음이라는 걸 몰랐다.

나는 네 벼랑의 섬뜩한 어둠을 들여다봤다:
내 시야는 쓴맛으로 가로막혀 있었기에
나는 몰랐다, 죽음이여,
네가 가장 신비롭고 매혹적인 사랑이라는 것을.

šini svoje kulture. To je dejstvo in
niteljev kulture umetnost ni zadnja,
kulturnih narodih. Da pa je
in dvigniti na višino, zato morajo
je podpora moralna in materialna.
i pridobili smo priznanja v centrih
u, Londonu, Varšavi, Sofiji in
na šele ena točka; naša gmotna
preko katere prekoračiti je nemogoče
jev ...
Ivan Grohar

그것은 꿈이었을까

-진눈깨비 속 슈코피아로카 기행

∞ 슈코피아로카 박물관

슬로베니아의 수도 류블랴나가 서울보다 평화롭고 안전하며 자족적이고 조용하다는 사실은 말할 필요도 없다. 그런데 인구 27만 8천여 명이 사는 이 작은 도시에서 몇 달을 살다보면 조금 더 한적한 곳으로 가고 싶은 마음이 생긴다. 반대로 더 크고 시끌벅적한 도시로 가고 싶은 사람도 있겠지만.

류블랴나를 벗어나 조금 더 낯선 도시로 가보고 싶다면, 동시에

교통이 편리하고 가까우며 매력적인 곳을 원한다면 나는 단연 슈코피아로카Škofja Loka를 추천하고 싶다. 중세 마을 모습 그대로를 간직하고 있는 슈코피아로카는 류블랴나 중앙 버스터미널에서 버스로 삼십 분이면 갈 수 있는 인구 1만 2천 명의 소도시로, 슬로베니아에서 프투이 다음으로 오래된 도시다. 슈코피아로카는 구시가지와 신시가지로 나뉘는데, 시간이 넉넉지 않다면 구시가지만 둘러보아도 고스란히 이 도시에 마음을 맡기게 된다.

내가 슈코피아로카에 간 것은 비가 많이 오던 날이었다. 좋은 날씨란 맑은 날만 말하는 게 아니어서 나는 흐리고 비 내리는 날에 창을 열고 말하곤 한다. "와, 비 온다. 날씨 참 좋네." 슈코피아로카 버스터미널에 내려서 다리를 건너면 아치형 돌문이 나온다. 중세시대에는 그 문을 통과하지 않으면 도시로 들어갈 수 없었지만 지금은 다른 다리들도 만들어져서 누구든 쉽게 구시가지에 출입할 수 있다. 나는 그 길지 않은 다리를 지나면서 어느 다리보다 오래 그 위에 머물렀다. 다리 위에서 바라보는 강물과 숲, 붉은 지붕들과 희거나 연푸르거나 연분홍 혹은 파스텔톤의 강가 집들을 바라보면서 슈코피아로카에 오길 정말 잘했다고 생각했다. 우산을 접고 비를 맞으며 풍경 사진을 몇 장 찍었다.

구시가지는 두 개의 층위로 나뉜다. 성과 귀족들의 저택이 있던 윗마을과 계단을 기준으로 확연히 나뉘는 아랫마을이 있다. 두 개의 블록을 모두 돌아보는 데는 채 한 시간이 소요되지 않는다. 금강산도 식후경이라고 나 자신에게 말하며 두리번거리다 조그만 케이크가게 '파니니PANINI'를 발견하고 서슴없이 들어가 '프레크무르스카 기바니차Prekmurska gibanica'라는 사과, 건포도, 양귀비 씨앗, 치즈 등이 들어간 전통 패스트리 빵을 먹으며 커피를 마셨다. 내 옆에는 기타리스트로 보이는 남자 둘이서 기타를 조율하며 함께 노래 연습을 하고 있었다. 그들은 내가 쳐다보는 걸 의식했는지 나와 눈을 맞추고는 말을 걸었다.

"한 곡 연주해드릴까요?"
"아, 괜찮습니다만, 바쁘지 않으세요? 바쁘지 않다면 뭐……"

두 사람이 귓속말을 주고받더니 연주를 하며 노래 불렀다. "I don't know you, But I want you, All the more for that, Words fall through me……" 그들의 행동도 당황스러웠지만 선곡은 더 당황스러웠다. '커트 코베인처럼 생긴 사람들이 이렇게 감미롭고 부드러운 노래를 부르다니.' 바깥엔 비가 오고 내가 좋아했던 영화 〈원스〉의 OST가 생음악으로 흐르는 이 상황에는 현실감이 없었다. 영화 속에서나 가능한 이런 일이 내게 일어나다니…… 어느덧 주인아저씨도 옆자리에 와서 발을 까딱거렸다. 손님도 없던 차에

흥미로운 사건이 생겼다는 듯이.

한 곡을 끝낸 그들이 나를 보며 웃었다. 나도 그들을 바라보며 미소를 지었다. 그런데 그들이 뚫어지게 나를 보며 계속 웃는 것이었다. '아, 그거구나.' 나는 주섬주섬 지갑을 찾아 약간의 돈을 꺼내어 그들에게 건넸다. 그제야 그들은 주인에게 커피를 주문했다.

나는 우산을 들고 성으로 보이는 곳을 향해 걸어갔다. 그곳은 슈코피아로카 미술관으로 다 둘러보기도 힘들 정도로 많은 전시관들이 있었다. 가장 인상적인 전시는 슈코피아로카 지역에서 활동했던 파르티잔에 관한 전시로, 어린이와 여성 파르티잔에 관한 정보가 많았다. 전시를 보면서도 계속 배가 아프고 열이 났다. 아까 먹은 빵이 체한 건지, 얼결에 돈을 뜯겨 기분이 상한 채 비까지 맞아 더욱 춥고 떨리는 건지 알 수 없었지만, 몸을 가누기가 어려울 정도였다.

이 도시에 온 가장 큰 목적이 1713년에 지어진 카푸친 수도원을 방문하는 거였으니 아무리 아파도 그곳엔 들렀다 가고 싶었다. 나는 3만 권의 장서를 보유한 이 아름다운 수도원 도서관을 본다는 기대에 부풀어 있었다. 미술관 밖으로 나오니 비는 진눈깨비로 바뀌어 있었고 내리막길은 몹시 미끄러웠다. 배가 더 아파왔다. 윗배를 기타 줄로 묶은 것처럼 답답하고 숨 쉬기가 어려웠다. 결국 카푸친 수도원에는 들르지 못했다.

류블랴나로 오는 버스를 타고 슈코피아로카를 바라보았다. 오는 내내 얼굴 위로 쏟아지는 눈비와 귓가를 간질이던 음악소리와 더할 수 없이 아름다웠던 마을이 떠올랐다. 복통은 잦아들었지만 머리의 열이 온몸으로 퍼져 그곳에 가긴 한 건지, 꿈을 꾼 건 아닌지 혼란스러웠다.

Dear
Slovenia

∞ 슈코피아로카 전경.

소차 강과
톨민의 치즈 농가

특강 원고를 영어로 작성하고 PDF 파일로 만드는 일에 매달리느라 청탁받은 원고를 쓸 짬이 없었다. 계간지 《작가세계》 겨울호에 시 다섯 편과 에세이를 써서 보내야 했는데 시는 몇 편 겨우 초고를 만든 상태였으나 에세이는 엄두도 못 내고 있었다. 숙소에서 집중이 되지 않아 안절부절못하다가 퍼뜩 일전에 가본 농가가 떠올랐다. 아주 조용하고 아늑하며 전망도 좋은 곳으로 중년 부부, 아니 결혼은 하지 않았지만 둘이 오순도순 사는 연인의 집이었다. 그들은 유기농 치즈를 만들었다. 남자는 부모의 전통 가업을 물려받아 십육 년째 치즈 만드는 일을 하고 있었다. 언제든지 놀러와 쉬었다가 가라던 그들의 말이 생각나서 나는 원고와 노트북부터 주섬주섬 큰 가방에 챙겨넣었다. 그곳에서 그들의 일을 도우며 급료 대신 끼니와 잠자리를 해결하고 저녁에는 글을 쓰면 되겠다고 생각했다. 어쩌면 그 맛있는 치즈를 매일 먹을 수도 있겠다는 생각에 지레 입안에 침이 고였다.

한 시간 이상 버스를 타고 가 톨민Tolmin이라는 도시의 국도변에 내렸다. 톨민은 류블랴나에서 서쪽으로 100킬로미터 거리에 위치한 마을이다. 이탈리아 국경과 매우 가깝다. 톨민은 슬로베니아에서 가장 큰 협곡 중 하나인 소차 협곡 북부에 위치하고 있다. 소차 협곡에 위치한 마을 중 가장 많은 인구가 톨민에 살고 있다. 이탈리아, 슬로베니아, 오스트리아와 가까운 지정학적 특성 탓에, 중세시대 이전부터 다양한 문화가 공존해왔고, 국가 간 갈등의 중심에 있었다. 톨민은 전통 방식의 치즈 생산지로 유명하며, 2004년부터 매년 메탈metal 축제가 열리고 있다. 2006년에는 유럽 문화유산에도 등록되었다고 한다.

다리 위에서 가을 하늘이 깊은 강물에 비친 모습을 내려다보는

소차 협곡 북부에 위치한 톨민.

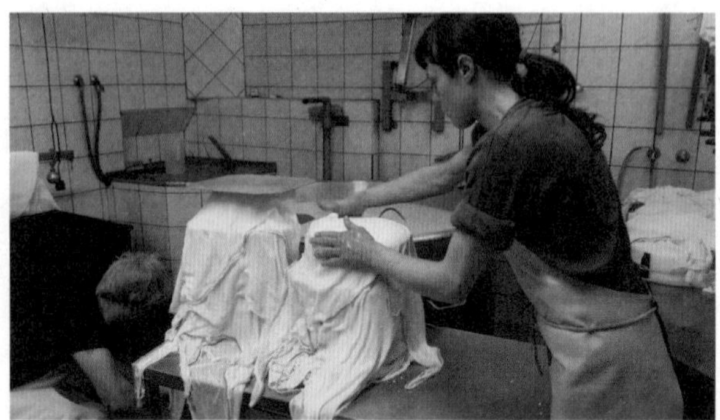

∽ 치즈를 만드는 알리오샤와 쉬펠라.

데 절해고도에 선 기분이었다. 내가 내려다본 강은 소차Soča 강으로 슬로베니아의 알프스 트리글라우에서 시작하여 이탈리아 북동부까지 흐르는 140킬로미터의 긴 강이다. 1차 세계대전 당시 60만 이상이 목숨을 잃은 격전지로도 유명하다. 내가 그 사실을 안 것은 오래전에 읽다 만《무기여 잘 있거라》때문이다. 어니스트 헤밍웨이는 1차 세계대전에 자원하여 이탈리아군 앰뷸런스 운전병으로 참전했다. 그는 율리안 알프스 전선에서 소차 강 전투를 체험했고 그 참혹한 비극을 바탕으로《무기여 잘 있거라》를 썼다. 신기할 정도로 깊은 에메랄드그린 빛 강물을 골똘히 내려다보고 있는데, 그 강물 따라 카누를 타고 내려오는 사람들이 있었다. 카누 위의 사람이 노를 젓다 말고 나를 향해 손을 흔들었다. 나는 마주보며 손 흔들 기분은 아니어서 다리 위를 빠른 걸음으로 건너갔다. 헤밍웨이의 말이 떠올라 마음이 더 급해진 것이었다. 가끔은 아는 것이 병이고 연상 작용이 스스로를 힘들게 한다. "글을 쓰는 데에 기계적인 부분이 많다고 낙담하지 말게. 나는《무기여 잘 있거라》의 시작 부분을 적어도 쉰 번은 다시 썼다네. 무얼 쓰든 초고는 일고의 가치도 없거든."(《헤밍웨이의 작가 수업》중에서).

언덕으로 오르는 길은 좁고 가팔랐다. 날이 더 추워져서 길이 얼어붙으면 대책 없이 그 산중턱 두어 가구가 있는 동네에 갇히게 될 것 같았다.

“어서 와요! 전화 받고는 아까부터 기다리고 있었어요. 우리 집에 빈방이 많으니 거기서 글도 쓰며 며칠 쉬었다가 가세요.”

우유가 넘실넘실 데워지는 우물만큼 큰 솥 아래 문 안으로 장작을 넣고 있던 알리오샤가 말했다. 그의 연인인 쉬펠라는 앞치마에 손을 닦고는 내 손을 다정하게 맞잡았다.

“여기까지 오느라 힘들었죠? 점심은 먹었어요?”
“예, 오다가 사먹었어요.”
“그럼, 치즈하고 와인 한잔 해요.”

그녀가 만든 지 한 달 된 부드러운 치즈를 잘랐다.

“오늘은 치즈 몇 개나 만들었어요?”
“아침 여섯 시부터 시작해서 지금까지 열일곱 개요. 이제 다 마쳤어요.”
“그럼 나하고 산책해요. 할 얘기가 있어요.”
“중요한 얘기예요? 아니면 나중에…… 이 일 마치면 소젖도 짜야 하고 산에 가서 땔감도 해 와야 하거든요. 모레 장날에 마을로 내려가서 팔 치즈도 선별해야 하고요. 지금은 무척 바쁘답니다.”

"매일 일이 많아요?"

"늘 이렇죠, 뭐. 새벽에 일어나서 해가 질 때까지 일하다보면 밤엔 언제 잠들었는지 모를 정도예요."

나는 정신이 확 들었다. 친구의 야윈 손목과 건강하게 그을은, 그러나 야윈 뺨을 바라보았다. 이들이 그저 전원 마을에서 평화롭게만 살고 있다고 생각했다니…… 농가의 현실을 잘 알지 못했다는 생각에 자책감이 몰려왔다. 그날 나는 시큼한 와인 한 잔을 마시고 치즈 두 덩이를 샀다. 책과 노트북, 옷가지 등이 든 가방엔 넣을 공간이 없어서 쉬펠라한테 종이가방을 얻어 두 개의 가방을 양손에 들고 가파른 길을 내려왔다. 갑자기 바쁜 일이 생각났다는 핑계를 꾸며대고. 내려오는 길에서야 골짜기의 이름 모를 붉은 열매가 보였고 새소리도 귀에 들어왔다. 소 울음소리가 예사롭지 않게 들렸다. 그들의 일상이 예술처럼, 그들이 만드는 치즈가 어떠한 조각품보다 값지게 느껴졌다.

이탈리아의 영화감독 파올로 파솔리니Paolo Pasolini는 자신의 영화들에 관해 언급할 때, 자기가 만든 영화의 중심은 신성함과 영화의 관계, 무엇보다 신성함이 일상생활에서 실존한다는 것을 보여주는 것이라고 했다. 매일 하는 일에서 신성함과 위대함을 찾는 것. 나는 알리오샤와 쉬펠라, 그리고 그들을 둘러싼 일상을 방해하거나 흐름을 끊지 않고 나의 자리에서 낡은 구두를 수선하듯 언어를 매만질 것이다.

위대한 것은 인간의 일들이니…*

프랑시스 잠

위대한 것은 인간의 일들이니
나무 병에 우유를 담는 일,
꼿꼿하고 살갗을 찌르는 밀 이삭들을 따는 일,
암소들을 신선한 오리나무들 옆에서 떠나지 않게 하는 일,
숲의 자작나무들을 베는 일,
경쾌하게 흘러가는 시내 옆에서 버들가지를 꼬는 일,
어두운 벽난로와, 옴 오른 늙은 고양이와,
잠든 티티새와, 즐겁게 노는 어린아이들 옆에서
낡은 구두를 수선하는 일,
한밤중 귀뚜라미들이 날카롭게 울 때
처지는 소리를 내며 베틀을 짜는 일,
빵을 만들고 포도주를 만드는 일,
정원에 양배추와 마늘의 씨앗을 뿌리는 일,
그리고 따뜻한 달걀들을 거두어들이는 일.

* 프랑시스 잠, 《새벽의 삼종에서 저녁의 삼종까지》, 곽광수 역, 민음사(1995).

Dear
Slovenia

깊은 산속 농가에서 하룻밤 보내기

∽ 페스코우치의 농가 주택

주말이었지만 고속도로 정체 현상은 없었다. 내가 탄 차는 슬로베니아에서 두 번째로 큰 도시인 마리보르Maribor를 지나 국도로 접어들었다. 홉을 재배하는 밭이 보이고 포도밭 너머 산간 마을이 보였다. 넓고 황량한 논에 묶어 말아놓은 짚 무더기들이 보였다가 조금 더 달리자 끝없는 목초지에 양 떼와 풀을 뜯는 소 몇 마리도 보였다.

슬로베니아는 국토의 90퍼센트 이상이 언덕과 산이다. 세상에서 가장 녹지가 많은 나라 가운데 하나로 2천 9백여 종의 식물이 서식한다. 경작지, 포도밭과 같은 과수원, 목장 등이 국토의 43퍼센트 이상을 이루는 농업국이기도 하다. 이렇게 알고 있던 사실을 몸으로 경험하는 것이 새삼스럽다. 나는 류블랴나에서 출발해 세 시간 남짓 달려 슬로베니아의 동북쪽에 위치한 페스코우치Peskovci라는 마을에 도착했다. 동쪽 산자락이 알프스 산맥과 이어져 있는데 헝가리 국경과 가까우며 언덕이 많은 지역이다. 언덕 위로 유연하게 솟은 성당의 첨탑이 보였고, 띄엄띄엄 농가로 보이는 집들의 색 바랜 붉은 지붕들 위로 새들이 날아갔다.

사과나무가 많은 집 앞에 차를 세웠다. 우리는 류블랴나에서 이곳까지 세미나를 하러 왔다. 하지만 나의 주된 목적은 세미나에 참석한다는 명분으로 산골 마을의 오래된 전통 농가에서 하루를 보내려는 데 있었다. 중국학과 학과장인 야나 로슈케르 교수가 슬로베니아의 '진짜' 생활을 경험해보라며 나에게 이곳에 함께 올 것을 제안했고 나는 망설임 없이 따라나섰다. 그들은 가끔 소그룹으로 이러한 행사를 갖는다고 했다. 한국에서 엠티를 갈 때 펜션을 빌려 가는 것처럼 말이다.

슬로베니아의 산간 지역에는 오래된 농가와 목장, 와이너리 등이 많은데, 농한기를 이용해 농가에서는 여행객들에게 숙식을 제공하고 적당한 돈을 받는다. 슬로베니아 정부 측에서도 '농가 체험 프로그램'을 적극 지원하고 있다. 이러한 농가를 찾는 이들은 주로 하이킹이나 등산을 하러 온 사람, 주말 동안 전원을 체험하려는 도시 가족 등이라고 한다. 나는 농가를 둘러보며 트렉터가 있는 뒤뜰에서 한국의 공기 좋은 시골, 후미진 산골 지역에 방치되어 허물어져가는 빈집들을 떠올렸다.

중년의 농부 부부가 우리를 맞아주었다. 나는 지은 지 이백사십 년이 넘었다는 집안으로 들어가 침대 옆에 가방을 두고 거실로 갔다. 중국학과의 대학원생 두 명이 석사논문을, 한 명이 박사논문 초고를 발표하기 위해 빔 프로젝트를 설치하고 있었다. 이들이 간략히 발표하면 다른 대학원생들과 지도교수가 질문과 조언을 하고, 그 과정에서 논문들을 보완 수정할 것이다.

오후 일곱 시가 되자 세미나가 끝났고, 우리는 저녁을 먹기 위해 정원을 가로질러 주방과 식당이 있는 별채로 갔다. 날씨가 추워서 빵 굽는 화덕을 온돌처럼 사용하고 있는 벽 아래에 개 두 마리가 다소곳이 누워 있다가 나를 보며 일어나 꼬리를 흔들었다. 벽에는 동물 박제들과 티토 대통령의 사진이 걸려 있었다.

농부의 아내가 꽃무늬 스카프를 머리에 두르고 푸른 앞치마를 한 채 음식을 가져와 식탁 위에 올렸다. 리체트Ricet라는 보리죽과

∽ 페스코우치의 또다른 농가 주택 내부.

농가 주택의 게스트룸.

요타Jota라는 콩이 든 수프가 전채 요리로 나왔다.

농부는 자신이 직접 만든 소시지를 커다란 접시에 담아 연달아 내왔다. 돼지고기와 각종 채소를 갈아넣어 만든 거무스레한 소시지는 한국의 순대와 모양과 맛까지 비슷했다. 밭에서 기른 채소로 만든 샐러드, 농부가 직접 담근 포도주도 나왔다. 이제 디저트가 나올 거라고 예상했는데 훈제한 돼지 넓적다리인 프로슈토prsut가 나왔다. 얘기 나누며 식사하는 데 세 시간 이상이 걸렸다. 마지막 디저트로는 달콤한 케이크인 페르크무르스카 기바니차Perkmurska Gibanica를 먹고 허브티를 마셨다.

소화도 시킬 겸 나는 혼자 정원으로 나와 달빛 아래를 천천히 걸었다. 울타리가 없어서 어디까지가 정원인지 알 수 없었다. 정원에는 꽤 큰 연못도 있었는데 어두워서 물고기는 보이지 않았다. 여남은 집들이 있는 마을은 쥐죽은 듯 조용했고 내가 있던 식당 쪽에서는 왁자지껄하게 떠드는 소리가 들려왔다.

나는 두 팔로 어깨를 감싸고 연못 옆에 쪼그려 앉았다. 가만히 귀 기울이니 수면 아래로 물고기들이 헤엄치는 소리가 들렸다. 보이지는 않지만 존재한다는 걸 알려주겠다는 듯이. 사과나무에는 사과 몇 알이 남아 있었다. 새가 파먹었는지 둥글지 않았다. 바람이 나뭇가지를 스쳐 나뭇잎을 흔들었다. 자연의 만물은 서로 맞닿아 있다는 생각이 들었다. 물과 물고기처럼, 바람과 잎사귀처럼,

밤과 낮처럼. 혼자인 것은 없지만 고독하지 않은 것도 없으리라.

Dear
Slovenia

나의 창가에 화분을 놓아둘게

새벽 나절 안개가 이 저녁까지 계속되는구나. 창밖은 우유를 엎질러놓은 풍경화 같아. 기찻길 너머 주택가의 중세풍 붉은 지붕들도 흐릿하게 보이고, 가로수도 안개에 파묻힐 것 같아. 차들은 전조등을 켜고 달리고 있네. 파울 첼란Paul Celan이 아우슈비츠의 독가스를 '검은 우유'에 비유한 연유를 알 거 같아. 이곳의 11월은

92일 간 머문 숙소 밖 풍경

거의 매일 이런 날씨라고 하던데 지금쯤 아스팔트가 비온 것처럼 축축할 거야.

점심을 빵 몇 조각으로 때웠더니 벌써 배가 고프네. 어제 사온 고기가 어디 있더라? 여긴 고기값이 저렴하단다. 부드러운 소고기 100그램이 2유로 안팎이거든. 이 집에도 냉장고가 있긴 하지만 이십 년도 넘은 거라 제 기능을 못 해. 냉동실도 냉장실도 미지근한 것이 실내 온도보다 높단다. 그래서 나는 식료품의 신선도를 유지하려고 그것들을 바깥 창틀에 가지런히 놓아둬. 바람이 불어도 날아가지 않게 잘 여며둔단다. 제일 꼭대기 층이라 고양이가 훔쳐 먹을 걱정은 없어. 나는 내 냉장고의 모서리가 북극 오로라쯤에 닿아 있다고 생각해. 이맘때 동유럽 날씨는 너도 알지? 추워서 냉동실도 필요 없을 정도니까.

내가 식재료를 쌓아두는 공간에 이곳 사람들은 주로 화분을 놓아둔단다. 대부분은 선명하게 붉은 제라늄이나 포인세티아, 베고니아 화분을 놓아두는데 간혹 자홍색 양란 화분이 보이기도 하더라. 내가 살고 있는 변두리 동네 돌렌스카 거리에는 다 허물어져가는 건물도 적지 않아. 아마 지어진 지 이백 년도 넘는 건물일 거야. 내가 사는 아파트는 1969년에 세워졌다고 입구 벽에 적혀 있어. 어떤 날은 산책하다가 금방 무너질 것 같은 다세대주택 앞을 지나가는데, 회벽엔 금이 가고 그 사이로 풀포기가 자라고 있는

게 보였어. 위로 올려다보니 몇 개의 창문 유리창은 깨져 있었어. 그때 한 남자가 창문을 열고 창가 화분에 물을 주는 거야. 그는 몹시 늙고 쇠약해 보였어. 아, 여길 떠나지 않고 사는 사람도 있구나. 난 하마터면 그에게 손을 흔들 뻔했지 뭐야.

예전에 파리에 사는 친구한테 들은 이야기인데, 창가에 화분이 있는 건 그 집에 사람이 살고 있다는 표시라더라. 그래서 유럽 사람들이 눈에 잘 띄는 붉고 화려한 꽃을 창가에 놓아두고 키우나 봐. 형편상 나에게는 붉은 피망이나 자주색 양파, 당근과 사과, 치즈를 주로 보관하는 냉장고 대용의 공간이지만 누군가에게는 사람이 살고 있다는 표시가 될 거야.

너도 나를 떠올리며 나와 같이 마음 서쪽 창가가 붉어지는지, 우리의 기억을 창밖으로 밀쳐버렸거나 말려죽이지 않고 작은 화분 붉은 꽃처럼 가끔 들여다보는지 궁금하구나.

Count Raven
TISNIKAR
CERKVA

일요일의 골동품 시장

한 선배 시인의 취미 중 하나는 재떨이 모으기다. 그가 내게 SNS 메신저로 중고 재떨이를 하나 사달라고 청했다. 골동품을 파는 거리로 나가려면 큰마음을 먹어야 한다. 골동품을 파는 사람들은 일요일 오전 일찍 좌판을 벌이고 정오경에는 철수하기 때문이다. 류블랴나 트로모스토비에 다리에서 시청사 쪽으로 가는 거리

ஐ 일요일 오전에 열리는 류블랴나 골동품 시장.

에서 슬로베니아 사람들은 전통 의상과 주방 용품, 소소한 장식품, 낡은 사진과 중고 서적, 음반 등을 판다. 용도를 알 수 없는 신기한 물건들도 있어 주인한테 일일이 물어보아야 할 때도 있다.

거기서 멀지 않은 곳에서는 월요일부터 토요일까지 노천시장이 선다. 강변을 끼고 두 군데에서 열리는데 유기농 빵과 잼, 치즈, 과일, 채소 등 유기 농산물이 주종을 이루는 곳과 비교적 저렴한 의류와 잡화를 파는 곳으로 나뉜다.

www.kmetija-mis.si
Pristno sveže mleko
MLEKOmat vsak dan
sveže surovo mleko iz Kmetije Mis
NON STOP
MLEKOMAT
Pristno sveže mleko
IZ ZAVRHA POD ŠMARNO GORO
NAVODILA ZA UPORABO
CONDOR
ITALY
Natočimo
sveže surovo mleko v svojo posodo
KER IMAMO RADI NARAVO.
Odprite predal in
vzemite plastenko.

슬로베니아의 우유 자판기

우유 자판기는 슬로베니아에서 처음 봤다. 신선한 우유 맛이 궁금한 사람이라면 한번쯤 이용해볼 만하다. 농장에서 바로 가져온 우유를 자판기에서 1유로면 살 수 있다. 빈병을 가져가 우유가 나오는 부분에 놓고 누르기만 하면 된다. 빈병을 준비하지 못했다면 기계와 연결된 부분에 있는 소독된 우유병을 구매하면 된다. 우유 자판기는 노천시장 및 일반 동네에서도 쉽게 찾아볼 수 있다.

슬로베니아에서는 슬로우

어느 날 마트에서 장을 보고 나와 걸으면서 계산을 해보다 거스름돈 4유로를 덜 받은 걸 알았다. 장바구니를 다른 손으로 옮겨 들고 마트로 돌아가 조금 전에 계산대 일을 본 직원을 찾았다. 그 남자 직원은 없고 그 자리에 정년을 마친 할머니로 보이는 분이 앉아 일하고 계셨다. "그 사람은 퇴근했어." "정말요?" "열한 시

오 분이잖아. 그 사람 근무 시간은 열한 시까지야." 슬로베니아에서는 근로자들이 오 분도 더 일하지 않는다는 얘긴 들었지만 그렇게 정확히 퇴근한다는 것을 직접 경험하고 나니 더 놀라웠다.

슬로베니아에서는 연장 근무가 거의 없다. 만약 야근한다면 시간외수당을 철저히 계산해 받는다. 일이 밀렸기 때문에 혹은 인정상 조금 더 일한다는 말은 들어본 적이 없다. 딸애 생일이라서 회식에 빠지는 건 흉이 아니다. 한국인 직원이 슬로베니아의 여행사에 말단으로 들어가 한국에서 하듯 늦게까지 남아 일하고 야근도 자처하니까, 슬로베니아인 사장이 "난 네가 집에 가서 가족들과 시간을 보냈으면 좋겠어. 쉴 줄 모르면 일할 줄도 몰라"라고 말했다는 이야기도 들었다.

나는 우리 동네에서 느지막이 김밥 가게를 차렸던 친척 어른을 떠올렸다. 자식 먹이듯이 요리할 뿐만 아니라 워낙 손맛이 좋은 분이라 김밥은 마는 대로 팔렸고, 점심시간이 가까워오면 김밥 사려는 사람들로 그 작고 좁은 가게가 문전성시를 이뤘다. 돈 벌면 가겠다던 제주도 여행도 안 가고 그렇게 서너 해 김밥만 말았던 그분은 근육통과 소화불량 증세를 참지 못하고 병원에 갔다가 암 진단을 받고 얼마 못 가 운명하셨다.

행복은 열심히 일할 때도 생기지만 일중독에서 벗어날 줄 아는 능력에서도 생긴다.

–

집에서 가장 가까운 슈퍼마켓 주차장에서 자신의 차에 손수 농사지은 과일과 채소, 견과류, 꿀, 와인 등을 싣고 와서 파는 노인을 만났다. 그는 차 트렁크에 훈제 소시지와 치즈를 가지런히 진열해놓고 있었지만 물건 파는 데는 별 관심이 없고 나무 아래에서 와인을 마시며 행인들과 담소를 즐기고 있었다. 나도 그 행인 중 한 사람이었다.

NAJVEČJI SVETOVNI PINK FLOYD ŠOV
Brit Floyd
MLEKOMAT
sec
www.sec.si
ASTRA
PO SEC 07
LJ HM-315
www.tifon.si

K+C
Ulricke
Toni

크리스마스이브의 류블랴나

∽ 푸줏간 다리 철제 난간에 연인들이 채워놓은 자물쇠들

어떤 이는 류블랴나의 상징이 류블랴나 성이라고 하고 또 어떤 이는 용의 다리라고 하지만, 나는 모호한 상징이 난립하는 걸 좋아하지 않는 편이다. 소박하고 유연하여 상징의 고리에 걸리지 않는 채 존재하는 것들에 더 애정이 간다. 용의 다리보다 용의 다리 위에서 노래하는 사람들의 목소리에 끌리듯이. 공기 중으로 날아

가 돌아오지 않는 목소리를 나는 기억한다.

크리마스이브라고 해서 특별할 것은 없었지만 마음이 싱숭생숭했다. 어디선가 폭죽 터지는 소리가 들렸고 그 소음 후의 정적이 황량한 내 방에 침묵의 더께를 쌓는 듯했다. 나는 시내로 가서 이 시기에만 서는 크리스마스 마켓에서 술을 한잔 마시고 강을 굽어보고 싶었다.

집에서 나와 버스를 타고 용의 다리 근처에서 내렸다. 걸어갈 수도 있지만 얼어붙은 길을 가려면 족히 한 시간은 걸릴 것 같았다. 류블랴나 시민 전부가 나온 것마냥 거리는 사람들의 물결로 넘쳤다. 사람들은 오후의 강변과 광장과 카페와 거리에서 대체로 밝은 얼굴로 휴일의 여유를 즐기고 있었다. 거리의 크리스마스 장식은 요란하다 싶을 정도로 하늘을 가리고 있었다.

나는 입술이 푸르죽죽하게 튼 채로 푸른 용의 꼬리를 만졌다. 외국에서 온 관광객으로 보이는 한 무리의 사람들이 그 곁에서 사진을 찍으려고 해서 얼른 비켜섰다. 용의 다리는 기차역에서 가까워 여행자들은 우선 그곳에 들러 기념 사진을 찍고 서둘러 강을 따라 걸어 프레셰렌 광장이나 맞은편 노천시장 쪽으로 가곤 한다. 다리 위의 예쁜 장식이 있는 가스등에는 다들 별로 관심이 없다.

용의 다리는 콘크리트로 만든 아르누보양식의 다리로, 1888년 프란츠 요셉Franz Joseph 황제의 통치 40주년을 기념하여 공사를 시작해 1901년에 완공되었다. 다리는 유리 자니노비츠Jurij Zaninovic가 설계했다고 한다. 처음에는 기념제 다리Jubilejni most라고 불렸지만 커다란 네 마리의 녹색 용 때문에 용의 다리로 이름이 바뀌었다.

나는 사실 용의 다리보다 거기서 100미터쯤 떨어져 있는 푸줏간 다리Mosarski most에 서서 강물과 강변을 바라보는 걸 더 좋아했다. 이 다리는 류블랴나의 다리들 중 가장 최근에 만들어졌는데, 바닥과 가장자리가 투명한 아크릴 판으로 제작되어 있어 주저앉아서도 강과 강둑, 강변의 풍경을 바라볼 수 있다. 다리 중간중간에는 현대적인 조각상들이 있는데, 다소 거칠고 생동감 넘치며 그로테스크한 것들도 있다. 다리 난간에 연인들이 빼곡히 채워놓은 자물쇠들 또한 하나의 설치미술 작품처럼 보인다.

일부러 나는 두 개의 다리를 걸어서 건넜다. 프레셰렌 동상 아래 계단에 앉으려 했지만 이미 모여든 사람들로 좁은 틈 하나 없었다. 트로모스토비에 다리 건너편에는 아프리카에서 온 듯 보이는 집시 가족들이 민속 의상에 민속춤을 추며 작은 공연을 벌이고 있었다. 소녀의 춤은 추위와 오열에 떠는 아픈 아이의 동작 같았다. 나는 그들이 놓아둔 칼림바* 케이스 안에 동전을 던져 넣고

*아프리카 민속 악기. 공명 상자에 붙어 있는 금속이나 대나무 등의 가느다란 판을 퉁겨서 음을 낸다.

∽ 류블랴나의 상징인 용의 다리.

∽ 용의 다리에서 본 푸줏간 다리. 왼쪽은 중앙시장 아케이드.

∽ 크리스마스 장식으로 꾸며진 류블랴나 대성당의 제단.

화려한 크리스마스 조명으로 장식된 류블랴나 거리.

는 무심코 맞은편에 있는 성당으로 향했다. 성당 계단을 올라가며 내가 이 앞을 수십 번 지나갔음에도 한 번도 안으로 들어간 적은 없다는 것을 깨달았다.

류블랴나 대성당Stolnica Sv. Nikolaja(성 니콜라스 대성당) 안에도 사람들이 많았다. 미사를 참례한 사람들이 제단 앞에 꾸며져 있는 크리스마스 꽃장식과 트리, 예수 탄생을 재현해놓은 소박한 모형들을 보고 있었고, 아이들은 조잘거리며 부모가 들고 있는 카메라 앞에 서서 포즈를 취하기도 했다. 부드러우면서도 화려하고 웅장한 느낌을 주는 천장 벽화 때문이었을까, 그들의 모습은 더욱 행복하게 보였다.

장바구니를 옆에 두고 기도하는 할아버지의 옆자리에 나도 앉았다. 잠시 눈을 감고 머리를 숙였다. "감사해요"라고 중얼거렸던 것 같다. 그러고는 지나온 시간을 반추하거나 반성하기보다 가능하면 머리를 텅 비워보려고 했다. 나는 치열한 자기성찰을 그다지 좋아하지 않는다. 문득 수많은 사람들 속에서 병원 진료를 기다리는 사람처럼 서글픈 감정이 든 이유는 무엇이었을까? 사랑니에 통증이 느껴졌을 때처럼 입 안에 자꾸 침이 고였다.

성당을 나설 때 앙드레 지드의 《좁은 문》의 마지막 구절들을 떠올려보려 했으나 한 문장도 기억나지 않았다. 그저 근사했다는 어렴풋한 인상밖에. 이곳 류블랴나 대성당에는 문이 두 개 있다. 정문은 '슬로베니아 문'이라고 불리는 청동 문이다. 문에는 슬로베니아 가톨릭 역사와 교황 바오로 2세의 상이 새겨져 있다. 잠시 쉬거나 누군가를 기다리는 사람들이 항상 그 문 앞에 앉아 있었다. 성당 측면의 문은 '류블랴나 문'으로, 6인의 주교가 예수를 바라보는 모습이 입체적으로 표현되어 있다. 이 성당은 1262년 성 니콜라스를 기리기 위해 건립되었는데 두 번의 화재로 처음의 모습이 훼손되었고 건축가 안드레아 포조Andrea Pozzo의 설계로 1701년부터 오 년에 걸쳐 바로크양식으로 다시 지어졌다.

성당에서 집까지는 걸어서 돌아왔다. 일찍 집에 들어간다고 해서 일이 손에 잡히거나 속히 잠들 것 같지 않았다. 부츠를 신었지만 발끝이 얼어 얼음 구두를 신은 듯했다. 그날의 짧은 산책이 일시적이고 스쳐 지나가는 우연의 사건이었는지 아닌지는 모르겠다. 그전처럼 강변에서 지갑을 꺼내려다가 장갑을 떨어뜨려놓고 온 것도 아닌데, 큰일이 일어난 것도 아닌데, 그날 나는 '사랑'이 필요했던 것 같다. 보들레르 식으로 말하자면 '진정제인지 흥분제인지 알 수 없는 그것'이.

한국시를 가르치지만

나는 문학을 가르치는 일을 십 년 넘게 해왔다. '문학을 가르치는 게 말이 될까' 갸우뚱하면서도 여러 대학교, 몇 군데 문화원, 창작촌 등을 뛰어다니며 밥을 벌어먹고 살아왔다. 창작만으로는 커피 한 잔 사 마시는 것마저 주저해야 하는 것이 현실이니까.

나는 류블랴나 대학교의 대형 강의실 '블루 룸'에서 '한국의 현대시'라는 제목으로 특강을 했다. 한국학과를 포함해 아시아학과 학생들과 교수들이 이 강의를 듣기 위해 모였다. 영어로 강의하는 게 부담스러웠지만 미리 PPT 파일을 준비했기에 크게 긴장되지는 않았다. 만약 내가 학생이던 시절처럼 칠판에 적어가며 말해야 했다면 조금 더 어려웠을 것이다. 분필로 적고 가루 날려가며 지우기를 반복하던 그 시절이 그립지 않은 건 아니다. 선생이 돌아서서 판서하는 찰나에 창밖을 보거나 친구에게 쪽지를 전하기도 했던 날이 나에게는 소중한 추억으로 남아 있기 때문이다.

1908년 《소년》의 권두시로 실린 최남선의 〈해에게서 소년에게〉를 한국 현대시의 초석으로 확정하는 데는 무리가 따르지만, 나 또한 그 지점으로부터 출발하여 한용운, 이상, 서정주 등을 거쳐 최승자, 김혜순, 최정례를 소개했다. 내가 한국어로 개별 시인의 시 한 편을 낭독하면 다음으로 그 시를 번역한 학생이 슬로베니아어로 낭독하는 형식으로 시 설명이나 시인의 생애보다는 작품 자체에 초점을 맞추었다. 일본어문학과의 슬로베니아인 교수인 안드레이 베케스는 한국말 소리의 리듬과 악센트가 좋아 한국어 공부를 시작했다고 한다.

강의하다 보면 뜻밖의 발견을 하는 경우가 많다. 그날 나는 김소월의 작품으로는 〈진달래꽃〉을 소개했는데 "죽어도 아니 눈물 흘리우리다"의 그 미묘한 느낌을 전달하지 못한 것 같았다. 특강

∽ 수업을 마치고 류블랴나 대학교 학생들과.

류블랴나 대학교 교수들과의 즐거운 만찬.

며칠 전에 내가 그 시를 영어로 번역하여 학생에게 보여주며 슬로베니아어로 번역을 부탁했는데 그 과정에서 나의 1차 번역부터 문제가 있었던 것 같아 마음이 무거웠다.

숙소로 돌아와서 그 작품을 다시 매만져보다 김소월이 새삼스레 그리워졌다. 한국인이면 누구나 알고 나도 다 안다고 생각하여 슬쩍 훑고 지나쳤던 그가, 그가 살았던 난세와 짧은 생애와 더불어 사무치게 다가왔다. 다른 작품을 찾아보았다. 작품을 타고 그의 시를 노래로 만든 〈개여울〉 〈엄마야 누나야〉를 지나 그룹 '활주로'의 〈나는 세상모르고 살았노라〉까지 왔다. 이 노래는 시 구절과 일부 다르다. 시를 옮겨보자면,

'가고 오지 못한다'는 말을 철없던 내 귀로 들었노라.

만수산萬壽山을 나서서 옛날에 갈라선 그 내 님도 오늘날 뵈올 수 있었으면

나는 세상 모르고 살았노라, 고락苦樂에 겨운 입술로는
같은 말도 조금 더 영리伶俐하게 말하게도 지금은 되었건만.
오히려 세상모르고 살았으면!

'돌아서면 무심타'는 말이

그 무슨 뜻인 줄을 알았으랴.

제석산帝釋山 붙는 불은 옛날에 갈라선 그 내 님의

무덤에 풀이라도 태웠으면!

문학을 가르치며 칠판 앞에 섰던 내 여고 시절 국어 선생님도 우리에게 시를 가르치면서 동시에 자신도 배웠을 것이다. 문학은 같은 작품이어도 언제 어떤 상황에서 접하느냐에 따라 매번 다르게 다가온다. 이 시를 처음 접했던 그 당시에 나는 세상을 다 안다고 여겼다. 그렇게 철없던 시절에 나는 이 부분이 이렇게 뼈저리지 않았는데…… "오히려 세상모르고 살았으면!"

Dear
Slovenia

시인의 명함

시인은 명함이 없다, 아니 명함을 가지고 있는 시인을 별로 보지 못했다. 갈수록 명함 받을 일이 많아지고 건네줄 명함도 필요한 경우가 생기는데, 근사하게 만들어야지 하면서 차일피일 미루고 있다. 그런데 사각형의 빳빳한 명함을 만들어도 새길 문구가 마땅찮다. '시인 김이듬' 혹은 '작가 김이듬'이라고 쓰는 건 이

∞ 바라 북 카페

상하니까. '시인'은 직업이 아니다. 거의 종일 '시'를 생각하고, 시를 사랑하는 마음에 잠시 기쁘다가 오래 괴로워하지만, 시를 쓰는 순간에만 비로소 시인으로 존재하는 자신을 느낀다. 시만 써서 먹고살 수는 없어서 많은 시인들은 다른 직업을 가지고 있다.

후배인 박준 시인에게서 들은 얘기다. 그는 출판사 직원인데, 운전하다가 접촉 사고가 났다고 한다. 다행히 경미한 사고라 서로 크게 걱정할 일이 없어 상대방 운전자가 준에게 명함을 주었는데, 준은 명함이 없어 갓 출간된 자신의 시집《당신의 이름을 지어다가 며칠은 먹었다》를 차에서 꺼내 책에 사인을 하고 전화번호를 적어주었다고 한다. 시인에게는 자신의 시집이 명함을 대신할 때가 있다. 나도 그러고 싶지만 항상 지니고 다닐 수가 없으니 명함을 받게 되는 경우엔 약간 곤혹스럽다.

점심을 먹고 책을 읽기 시작했는데 금세 밖이 깜깜해졌다. 겨울의 류블랴나는 네 시면 칠흑같이 어두워진다. 여름에는 반대로 밤 아홉 시가 넘어야 어두워진다. 파스타를 요리해서 간단히 점심은 때웠는데 저녁은 뭘 해 먹을까 싶어 보니 딱딱하게 마른 빵 3분의 1덩이밖에 없었다. 집에서 도보로 이십 분 거리에 있는 슈퍼마켓에 갔다. 보통은 작은 숲길로 가는데 캄캄하여 2차선 찻길로 걸어가니 약간 지름길인 그 길이 훨씬 멀게 느껴졌다. 그런데 슈퍼마켓 문은 이미 닫혀 있었다. 평일 네 시가 마감 시간인 걸 깜빡했다. 하는 수 없이 근처 빵집에 들러 바게트 한 개, 포티차 한 롤을 샀다. 난 좀 우울해서 달콤한 초코 포티차를 골랐다. "이거 두 개 합쳐서 얼마예요?" 곧 여덟 시면 이 가게도 문을 닫기 때문에 내 마음은 급했다. 그런데 주인 여자가 나한테 그리 서두르며 고르지 않아도 된다고 한다. "저번에 사간 빵은 입에 맞았어요? 맛이 괜찮았나요?" 상냥하게 물어오는 그녀를 나는 멀뚱히 바라봤다. 이번이 두 번째인 이 집 빵은 저렴한 편이지만 대체로 짜서 나는 시내 중심가에 나가면 막시 슈퍼마켓 지하 베이커리에서 여러 종류의 빵을 사오곤 했다. 손님인 나를 기억하고 내 식성마저 염려하는구나. 생각해보니 이 마을에 한국인이라곤 나밖에 없으니 기억하는 게 당연할 수도 있겠다 싶었다. 두 달 가까이 살고 있던 시점이었는데 그때까지 이 동네를 통틀어 한국인, 아니 아시아인은 한 번도 본 적이 없었다. 슈퍼마켓 계산대에서 일하는 할머니도 약국 아저씨도 나를 보면 알은체했다.

며칠 전에 집 근처 정거장에서 버스를 기다리는데 늘씬한 미녀가 내게 눈웃음을 치며 다가오더니 "잘 지냈어?" 하고 말을 붙이기도 했다. 난 엉겁결에 "응, 응, 너도?" 하고 답하는데 버스가 와서 그녀에게 손을 흔들며 얼른 버스에 올라탔다. 버스 안에서 갸우뚱했다. '누구였더라?' 버스가 다음 정거장에 닿을 때쯤에야 그녀를 기억해냈다. 집에서 가장 가까운 곳에 있는 작고 허름한 바의 바텐더라는 걸. 그 바에는 에스프레소 한 잔을 90센트에 파는 데 맛과 향이 좋았다. 지나다가 두어 번 들렀고 주문한 커피가 나오면 입에 탁 털어넣고는 곧바로 나왔다. 마시고 계산하고 나오는 데까지 딱 오 분이면 충분했다.

아파트 주차장을 가로지를 때도 쓰레기 분리수거함을 여닫을 때도 정원에 서서 멀거니 하늘을 쳐다보다가 낙엽 위로 떨어진 모과 한 알을 주워들고 흠씬 냄새를 맡으며 "뭐야, 냄새도 안 나잖아! 우리나라 모과 향기는 얼마나 진하고 달달한데" 하고 혼잣말을 하고 있을 그때도 이 동네 사람들은 지나가다가, 혹은 창가에 서서 '저 여자가 바로 그 여자구나' 했을지도 모른다. 내게 집을 임대해준 안드레이 베케스 교수는 슬로베니아 토박이로 이 집에서 고교 시절을 보냈다고 했는데, 그가 이웃 주민들에게 나에 대해 말해둔 것 같다. 복도에서 마주친 2층 할머니는 "아! 안드레이 집 빌려 얼마간 살고 있다는, 그 한국 사람 맞죠? 유명한 시인이라고 하던데……"라고 인사해 나를 놀라게 하기도 했다.

어쩌다 이런 여의치 않는 상황에 봉착했는지 모르겠다. 집에서 크게 음악을 듣거나 술 먹고 길거리를 쏘다니는 짓 같은 건 엄두도 낼 수 없었다. 아무리 바빠도 횡단보도는 초록불일 때만 건너야 했다. 이곳에서 나는 명함이 필요 없었다. 얼굴이 명함이었으니까. 류블랴나 대학교 근처의 서점 주인도, 대학 내 매점 아르바이트생도 내게 유독 친절한데 그들을 실망시킬 수는 없었다. 아, 기분이 영 별로였다. 구속과 간섭에서 벗어나 자유롭게 살 기회라고 여겼는데, 외국 도시에서의 익명성을 최대한 누리고 싶었는데 내 고향보다 운신이 어려워지다니. 그렇다고 웅크리고 앉아 스스로 감옥을 만들 수는 없었다. 눈치 보지 말고 명함이 된 온 몸을 밀고 나아가자. 그렇게 결심하고 나니 마음이 한결 편해졌다.

Dear
Slovenia

너 지금 어디 있니?

무범죄 증명서를 받으러 우체국에 갔다. 거주지 등록을 하려면 무범죄 증명서가 필요한데, 이 증명서 한 장을 발급받기 위해 오스트리아 한국 대사관까지 가야 했다. 슬로베니아에는 한국 대사관이 없기 때문이다. 나는 비엔나에 있는 한국 대사관으로 갈 일을 차일피일 마루고 있다가 지난달에 오스트리아 한국 대사관의

∽ 류블랴나에서 사용하던 책상

송영완 대사님이 류블랴나 대학교로 특강차 왔다 돌아가는 길에 운 좋게 그 차를 타고 네 시간쯤 달려가 볼일을 볼 수 있었다.

다음 주면 귀국할 터인데 오늘에야 필요한 서류가 오다니. 나머지 서류들을 가지고 거주지 등록을 하러 나가면서 왠지 씁쓸하고 허전했다. 관공서에 들렀다가 유적 발굴을 하느라 공사 중인 질척한 도로 갓길을 걷고 나폴레옹 광장을 지나 강변으로 갔다. 그곳에 있는 기념품 가게에 들러 친지와 친구에게 줄 선물을 골랐다. 엽서 몇 장과 하얀 레이스로 뜬 식탁보, 전통 문양 마그네틱 5개를 샀다. 옆 가게로 갔는데 똑같은 마그네틱 가격이 내가 조금 전에 산 가격의 절반인 3유로였다. 나는 기분이 언짢아져서 다른 선물을 고르다 말고 내리는 눈을 맞으며 집으로 돌아왔다.

스탠드를 켜고 웹진《문장》에 연재 중인 에세이를 쓰려고 앉았다. 계간지의 시 원고 마감일이 지난 것도 몰랐다. 어디에 정신이 팔린 걸까? 한국으로 돌아가 바쁜 일상에 잘 적응할 수 있을지 걱정스러웠다. '헬조선' '재미있는 지옥'이라고도 부르는 나의 고국. 돌아가더라도 시간강사 자리 한 군데 얻기 어려운 현실.

류블랴나에 와서 책상 스탠드를 사려고 여기저기 돌아다닌 일이 떠올랐다. 국자 하나 사러 찾아다니다가 막시 마켓에서 13유로나 주고 샀는데 이것도 두고 가야 했다. 수건과 욕실 앞의 발매트, 대야, 낡은 운동화, 감자 반 자루와 포도주 반 병, 남은 쌀, 각종 소스와 양념, 옷가지랑 책들 중에도 버리고 갈 게 많았다. 추운 방의 창문 앞을 서성이던 안개를, 한밤의 잠을 깨우던 기차 소리를, 강이 흐르는 이 작고 사랑스러운 도시를 두고 떠나야 했다. 그리 오래 이곳에 살 것도 아닌데 영원히 살 것처럼 물건을 사고 벽에 그림을 걸었다. 버스카드에는 한 달쯤 더 있을 것처럼 무심코 많은 돈을 충전해놓았다.

원고 쓰기를 멈추고 창가를 서성이다가 저녁노을에 가만히 뺨을 맞댔다. 정신을 차리려고 걸레로 방바닥을 닦고 있는데 휴대전화 메시지 신호음이 울렸다. 문자메시지 창을 열었다. 노란 상자 안에 검정 글씨로 "지금 어디 있니?"라고 쓰여 있었다.

황현산 선생님이 두어 달 만에 보내주신 문자였다. 너무나 간결한. 선생님을 마음으로 '아버지'라 부르는 건 그분이 나를 시인으로 뽑아주었기 때문만은 아니다. 나는 선생님의 문학을 대하는 태도와 탁월한 번역, 아름답고 유려한 평론과 정직한 수사의 에세이 문장을 너무나 흠모하기도 하지만 자신보다 먼저 제자를 살피는 면모에서 나이 어린 자를 헤아리는 부성父性을 느낀다. 나는 늘 선생님께 부끄럽고 죄송하다. 먼저 안부를 여쭙는 일이 거의 없었다. 바쁘신 선생님께 신경 쓰이는 일 보태고 싶지 않은 마음에서 그랬는데, 이젠 습관이 된 듯하다. 데이터 로밍을 차단한 상태인데다 긴 문자를 보내는 건 건당 300원이라 나는 카카오톡으로 안부를 전했다. 선생님은 그저 '그렇구나' '괜찮다' '어서 돌아오렴' '그래 빨리 와라' 이렇게만 답문자를 주셨다.

'빨리 오라'는 문장을 보며 내 눈시울이 뜨거워졌다. 바닥에 있던 걸레로 눈물을 훔쳤다. 세상으로부터 버림받은 것처럼 막막하고 답답하던 시절, 나는 시 창작에 거의 모든 것을 걸었던 것 같다. 시를 쓰면 하늘로 치솟아 다른 시공간으로 가는 느낌이었고, 구원이란 것이 있다면 시를 통해 가능할 것 같았다. 썼던 시 원고들을 묶어 출판사 신인공모에 보내보았고 신춘문예에도 투고했지만 번번이 최종심에서 떨어졌다. 나는 문창과 출신도 아니고 시 창작 교실 근처에 가볼 기회나 의지도 없었으며, 친한 도반道伴이나 시인, 스승도 전혀 없었다. 진주라는 작은 도시에서 혼자 끙끙거리며 책을 읽고 글을 썼다. 그랬던 내가 2001년에 《포에지》의 첫 번째 신인으로 등단하게 됐다. 황현산, 김혜순 선생님이 당시 심사위원이었는데, 그때까지 나는 두 분을 단지 책으로만 알고 있었다. 내게는 등단이 재생이나 부활처럼 느껴졌다. 피폐하고 부정적인 자아가 죽고 새사람이 되어 다시 태어난 것 같았다.

다시 누군가가 나에게 '지금 어디 있니' 이렇게 물을 때, 나는 다시 뭐라고 대답할 수 있을까?

"너 어둠이여, 나 너에게서 태어났노라."(라이너 마리아 릴케) 나는 헬조선으로 에두르지 않고 돌아갈 것이다. 그러나 다시 쫓기듯

살지는 않겠다. 슬로베니아가 어렴풋이 나에게 준 반향일까? 나는 최대한 자유롭고 게으르게, 시간에 얽매이지 않고 삶이라는 여행을 누려가겠다.

디어 슬로베니아

사랑의 나라에서 보낸 한때

초판 1쇄 발행 2016년 5월 30일
초판 2쇄 발행 2016년 7월 25일

지은이 김이듬
펴낸이 연준혁
편집인 김정희
책임편집 김경은
디자인 송윤형

펴낸곳 로고폴리스
출판등록 2014년 11월 14일 제 2014-000213호
주소 경기도 고양시 일산동구 정발산로 43-20 센트럴프라자 6층
전화 (031)936-4000 팩스 (031)903-3895
홈페이지 www.logopolis.co.kr 홈페이지 logopolis@naver.com
페이스북 www.facebook.com/logopolis123 트위터 twitter.com/logopolis3

값 14,000원
ISBN 979-11-86499-28-3 03920

- 로고폴리스는 ㈜위즈덤하우스의 임프린트입니다.

이 도서의 국립중앙도서관 출판예정도서목록(CIP)은 서지정보유통지원시스템 홈페이지(http://seoji.nl.go.kr)와
국가자료공동목록시스템(http://www.nl.go.kr/kolisnet)에서 이용하실 수 있습니다.
(CIP제어번호 : CIP2016012175)